습관은 반드시 실천할 때 만들어집니다.

좋은습관연구소가 제안하는 62번째 습관은 '기술 성장주에 투자하는 습관'입니다. 초보 투자자가 가장 성과를 거둘 수 있는 것이 기술 성장주입니다. 그 이유는 사고팔기에 능숙해야 하는 투자가 아니라, 장기 투자와 분산 투자가 가능한 투자이기 때문입니다. 그리고 이는 초보 투자자가 가장 따라하기 쉬운 투자법이기도 합니다. 앞으로 인공지능과 휴머노이드 그리고 양자컴퓨팅이 미래 먹거리를 좌우할 거라는 생각에는 의심의 여지가 없습니다. 인내하는 마음을 갖고서 조금씩 투자를 이어간다면, 초보 투자자도 10년 뒤를 기약할 수 있습니다. 그런 점에서 부면 연금으로 차츰차츰 쌓아가는 투자를 하기에도 적당 것이 기술 성장주입니다. 이 책은 3대 기술이 무엇이며, 왜 기술 성장주라 부르는지, 특징은 무엇이고, 어떤 방식의 투자가 적절한지, 나아가 어떤 상품에 투자하면 좋을지를 설명합니다.

인공지능·휴머노이드·양자컴퓨팅이 미래를 바꿀 것이라는 말은 많이 들었지만, 막상 투자의 관점에서 어떻게 접근해야 할지 판단하기는 쉽지 않다. 이 책은 위의 세 가지 첨단 기술 구조와 산업 흐름을 알기 쉽게 설명하면서, 어디에 위험이 있고 어디에 기회가 있는지, 스스로 점검해 볼 수 있는 질문을 던진다. '당장 투자하라'는 조급한 메시지가 아니라, 변화의 큰 그림을 이해하고 올바른 방향으로 투자하도록 도움을 주는 나침반이자 든든한 안내서이다.

- 박병곤 KB국민은행 이사부행장

인공지능·휴머노이드·양자컴퓨팅은 먼 미래의 기술이 아니라 앞으로 10~20년간 우리의 삶과 자본시장을 근본적으로 변화시킬 핵심 동력이다. 이 책은 그런 거대한 변화 속에 있는 투자의 기회들을 짚어보는 한편, 체계적인 투자 습관을 접목해 성공 확률을 높이는 현실적 방법을 친절하게 제시하고 있다. 기술 성장주 투자에 관심은 있지만, 어디에 어떻게 투자해야 할지 고민 중이신 분들께 일독을 권한다.

- 양영철 KB국민은행 WM추진본부장

실천적인 지침서로 이 책이 돋보이는 이유는 첨단 기술 산업을 소개하는 데 그치지 않고, ETF와 펀드를 활용한 분산 투자 전략 등 구체적이고 현실적인 투자 방법을 제시했기 때문이다. 명확한 투자의 방향성과 더불어, 단기적 시장 변동에 흔들리지 않고 장기적 관점에서 투자를 지속하는 습관의 중요성을 강조한 점이 인상적이다.

- 범광진 KB자산운용 WM연금마케팅본부장

기술 혁명이 불러올 변화 앞에서 투자자에게는 변화를 회피하거나 그 속에서 기회를 잡는 두 가지 선택지가 있을 것이다. 이 책은 인공지능·휴머노이드·양자컴퓨팅에 담긴 기회를 포착하여, 투자를 통해 그 과실을 나눠 가질 수 있는 가장 확실한 방법을 설득력 있게 제시하고 있다. 특히 IRP와 같은 연금 계좌의 운용에 유용하다는 저자의 주장에 적극 동의한다.

– 전용우 삼성자산운용 연금/OCIO 본부장

이 책은 단순히 핫한 테마를 쫓는 단기적 접근이 아니라 ETF나 펀드를 활용해 월급 일부를 꾸준히 쌓아 가는 장기 투자에 초점을 맞추고 있다. 따라서 자산 형성을 위해 오랫동안 투자해야 하는 2030 직장인들에게 좋은 가이드가 될 것이다. 책에서 언급한 대로 꾸준히 실천해 간다면 10년, 20년 뒤 당신의 미래 재정 상태는 분명 달라져 있을 것이다.

– 민주영 신영증권 연금사업부 이사, 경영학(연금금융) 박사

미국 기술주 시장을 오랫동안 연구하고 분석해 온 입장에서 볼 때, 이 책의 균형 잡힌 시각에 깊은 인상을 받았다. 저자는 인공지능·휴머노이드·양자컴퓨팅이라는 첨단 기술 및 산업의 흐름과 미래 청사진을 제시함과 동시에, 투자자가 유념해야 할 위험 관리 원칙과 심리적 대응법까지 짚어 주고 있다. 성장주 투자를 고민하는 이들에게 이 책이 든든한 길잡이가 되어 줄 것이다.

– 김세환 KB증권 부장(베스트 애널리스트), 경영학 박사

앞으로 10년을 책임질
인공지능·휴머노이드·양자컴퓨팅

기술 성장주에 투자하는 습관

곽재혁 지음
(KB WM스타자문단 수석전문위원)

좋은습관연구소

프롤로그
기술 혁신이 가져올 새로운 변화와 투자의 기회

4차산업혁명(The Fourth Industrial Revolution)이라는 단어가 화제가 되었던 적이 있다. 이 말은 다보스포럼의 회장이었던 클라우스 슈밥이 2016년 1월 처음 언급하면서 전 세계로 퍼져나갔다. 당시 기술 전문가들은 4차산업혁명의 핵심 기술로 인공지능, 사물인터넷, VR·AR 등을 언급하며 앞으로 닥쳐올 미래 변화를 예측했다. 덩달아 관련 서적이 불티나게 팔리고 언론과 매스컴도 여러 콘텐츠를 쏟아냈다.

다만 초기에는 4차산업혁명에 대해 다소 냉소적이고 회의적인 견해도 많았다. 상용화까지 갈 길이 멀고 불확실성도 너무나도 큰 단계에서 혁명이니 어쩌니 하고 호들갑 부린다며 실체 없는 마케팅에 불과하다는 지적도 많았다. 하지만 시간이 흐른 지금, 4차산업혁명의 핵심 기술은 더 이상 전문가나 얼리어답터의 전유물이 아니라, 일상에서 활용되는 대중적 도구가 되었다. 이제는 누구나 빅데이터와 클라우드 컴퓨팅을 기반으로 언제 어디서든 인공지능 챗봇과 대화를 하고 도움을 받는다. 사물인터넷도 가정, 음식점, 작은 가게 등 일상 속에서 흔히 경험할 만큼 대중화되었다.

그리고 2025년 현재, 빠르게 발전하는 인공지능·휴머노이드·양자컴퓨팅 기술과 관련 산업을 보면서 마치 그때가 반복되는 듯한 데자뷰를 느낀다. 그러면서 동시에 다음과 같은 확신도 갖게 된다. "머지않은 미래에 휴머노이드가 우리의 노동을 대신하고, 에이전틱 AI가 나의 집사 역할을 하며, 양자컴퓨터가 인류의 오랜 난제를 해결해 나갈 것이다."

기술 혁신은 양면의 얼굴을 갖고 있다. 기존 노동자들의 일자리를 대체하며 그들의 생계를 위협하기도 하지만, 반대로 노동 경쟁력을 높이는 데에도 쓸 수 있다. 그리고 이를 바탕으로 빠르게 성장하는 기업에 투자함으로써 혁신의 과실을 나눌 수도 있다.

가급적 많은 사람이 위기보다 기회를 잡을 수 있도록, 도움이 되는 콘텐츠를 만들어야겠다는 생각으로, 이 책을 준비했다. 특히 초보 투자자들이 어렵게 생각할 수밖에 없는 신기술 트렌드를 직관적이고 종합적으로 이해할 수 있도록 돕고, 나아가 해당 기술을 가진 기업에 어떤 방법으로 투자하면 좋을지를 알려 주기 위해 이 책을 썼다.

특정 분야의 지식 수준이 깊은 독자라면, 본문에서 언급하는 내용이 얼핏 피상적으로 느껴질 수도 있겠지만, 그동안 이름만 들어온 독자라면, 기술에 대한 이해와 최신 흐름을 따라잡을 기회를 얻을 수 있다.

책의 내용을 세부적으로 살펴보자면, 우선 1장에서는 인공지능, 휴머노이드, 양자컴퓨팅이 최근 부각되는 배경과 현황을 살펴보았다. 그런 다음 이들 기술이 가지고 있는 성장 잠재력과 점점 치열해지는 각국의 정부와 기업 움직임을 알아본다. 그리고 왜 우리가 여기에 관심을 가져야 하는지를 점검했다.

2장부터 4장까지는 각 기술에 대한 역사와 특성 그리고 산업 구조와 핵심 플레이어를 살펴본다. 투자에 앞서서 산업 내 밸류체인을 일목요연하게 정리해 두는 시간이 될 것이다.

5장에서는 기술주 투자에 있어서 숙지해야 할 부분을 정리했다. 투자는 정보와 지식만으로 절대 성공할 수 없다. 불확실성에 따른 심리적 불안이나 조급함을 잘 다스려야 한다. 그런 점에서 기술 성장주 투자에 앞서 반드시 알아야 할 투자 원칙을 설명했다. 이 내용은 투자 마인드 컨트롤에 도움을 줄 것이

다. 또한 같은 투자를 한다 하더라도 투자 대상이나 투자 금액
에 따라 달라질 수 있는 세금 문제에 대해서도 살펴보았다.

　6장에서는 기술 투자에 가장 효율적이라고 판단되는 간접
투자 상품, ETF와 펀드에 대해 언급했다. 아무리 성장하는 산
업에 속해 있더라도 그 안의 개별 기업은 CEO의 판단 미스,
사고, 배임·횡령 등 다양한 위험성을 갖고 있다. 따라서 잘 분
산된 ETF나 펀드는 초보자도 투자에 성공할 수 있는 가장 합
리적인 수단이 된다. 아무쪼록 이 책에서 언급한 유망 ETF와
펀드가 여러분에게 꼭 도움이 되길 바란다.

　마지막으로 이 책의 추천사를 써 주신 존경하는 직장상사
KB국민은행의 박병곤 부행장님과 양영철 본부장님, 그리고
고마운 동료이자 선후배들인 KB자산운용의 범광진 본부장님,
삼성자산운용의 전용우 본부장님, 신영증권의 민주영 이사님,
KB증권의 김세환 애널리스트께 감사의 말씀을 드린다.

　그리고 항상 나의 편에서 응원과 지지를 아끼지 않는 가족
들과 하늘나라에서 못난 아들이자 손주를 항상 응원하고 계
실 부모님과 조부모님께 사랑과 감사의 인사를 전한다.

목차

1장.

인공지능·휴머노이드·양자컴퓨팅

1.
10년 뒤를 좌우할 3대 기술

"장기적으로 평균 이상의 성장을 지속하는 위대한 기업에 투자하라."

필립 피셔(1907~2004, 성장주 투자의 창시자로 훌륭한 기업을 찾아 장기 보유하는 투자를 최초로 제시함)는 주식시장에서 큰 수익을 내는 비결을 묻는 기자의 질문에 위대한 기업을 잘 찾아 장기간 투자하는 것이 답임을 강조했다.

1950년대 피셔는 당시 트랜지스터의 개발과 더불어 슬림화, 무선화, 소형화된 TV나 무선 수신기(삐삐) 등의 전자 제품을 출시하며 시장에 혁신을 일으키는 한 기업에 주목했다. 바로 모토롤라였다. 모토롤라에 투자하기로 결심한 그는 1956

년 주당 42달러에 주식을 사들인 이후 무려 44년을 보유했으며, 관련 기록 및 자료들에 의하면 최대 2,500배의 수익을 낸 것으로 추정된다.

이처럼 우리는 수십 배씩 주가가 상승한 이력을 가진 기업을 볼 때마다 종종 이런 생각을 한다. 삼성전자가 주당 3천 원(액면분할 감안한 가격)이던 2000년도에 이 주식을 샀다면 어땠을까? 2017년 당시 증권사들이 투자설명회에서 AI 수혜주로 언급하던 엔비디아의 주식을 그때 샀더라면 어땠을까? 참고로 2017년말 엔비디아의 주가는 4.84달러로 1년 동안 81.3% 급등했는데, 당시에는 거품론이 제기되기도 했다. 하지만 대략 8년이 지난 지금 2025년 7월, 엔비디아의 주가는 160달러를 넘어섰다(33배). 이처럼 위대한 성장주에 투자하여 장기간 시장 평균을 크게 웃도는 수익을 내는 것이야말로 수많은 투자자의 로망이다.

통상 성장 기업은 혁신적 기술을 바탕으로 탄생하는 경우가 많다. 이들은 기존 기업과 산업을 대체하며 나아가 새로운 시장을 창출하기도 한다. 이 중 리더 그룹에 속하는 기업은 수십 배에서 수백 배씩 주가가 상승하기도 한다. 앞서 살펴본 모토롤라와 더불어 1990년대 마이크로소프트, 2000년대 애플, 2010년대 아마존이 그런 기업이었다. 간혹 인구·사회 구조의 큰 변화나 대규모 전쟁 등의 이벤트로 인해 일반 산업에서 성장주가 나오기도 하지만, 상대적으로 드물다. 반면 새로운 기술 혁신의 수혜를 얻는 산업에서는 리더 기업이 바뀔 때도 있지만 산업 자체는 꾸준한 성장을 이어간다. 그리고 이와 더불어 주가 또한 크게 상승한다.

좀 더 자세히 살펴보자. 트럼프 1기 정부 시절인 2010년대 후반에 부각되던 클라우드 컴퓨팅, 인공지능, 사물인터넷, 5G통신, 로보틱스 등 4차산업혁명을 대표하는 기업의 주가는 장기간 크게 상승했다. 과거 내가 동료와 공동 집필했던 책 『4차산업혁명 어떤 기업에 투자할 것인가』에서 추천했던 해외 TOP 10 기업의 주가는 도서가 출간된 2017년 11월부터 2025년 5월까지 7.5년간 평균 499% 상승했다.

지금 이 얘기를 꺼내는 이유는 '내가 종목을 잘 찍는다고' 자랑하기 위해, 혹은 지금이라도 투자를 서둘러야 된다는 식의 심리적 불안감을 조성하기 위해서는 아니다. 해당기간 중 글로벌 주식시장에서는 단기간에 이보다 더 큰 폭으로 상승한 종목(다만, 현재까지 지속 여부는 불투명한)도 많았다. 사실 이 이야기를 하는 진짜 이유는 기술 성장주의 특성인 '장기 투자의 중요성'을 강조하고 싶어서다. 지금에야 "왜 그 때 투자를 안 했지?" 생각이 들지만, 막상 7년 반 동안 내가 언급한 아래 표의 10개 종목을 보유한 채 지금까지 버틸 수 있다는 건 결코 쉬운 일이 아니다. 단기적으로 주가가 오르락 내리락 하는 것

종목	수익률
알파벳	240%
엔비디아	2,624%
아마존	248%
IBM	146%
마이크로소프트	493%
퀄컴	165%
메타	267%
소니	195%
3D 시스템스	-82%
팔로알토	692%
(동일 비중)평균수익률	499%

당시 책에서 언급한 종목의 포트폴리오 수익률

을 참지 못하고, 중간에 팔아버리는 투자자들이 대부분이기 때문이다. 안타깝지만, 그런 투자자들에게는 표가 보여주는 수익률은 그저 그림의 떡일 뿐이다.

이런 이유로 투자 대가들은 성장주 투자의 성공을 위해서는 반드시 주가의 단기적 흐름이 아닌 장기적 성장이라는 관점에서 접근할 것을 조언해 왔다.

워렌 버핏은 "시간은 뛰어난 기업에게는 친구이지만, 평범한 기업에게는 적이다"라는 말을 자주 했는데, 이 역시 장기 투자의 중요성을 말하는 것으로, 성장하는 기업은 시간이 지날수록 그 가치가 더욱 높아질 수 있으며, 옥석을 잘 가리는 것이 중요함을 강조했다.

다시 기술 발전의 흐름으로 돌아와 보자. 트럼프 2기 정부의 출범으로 글로벌 경제의 불확실성이 완전히 해소되지 못한 상황이지만, 성장 잠재력이 높은 차세대 기술에 대한 대중의 관심과 투자 욕구는 계속해서 커져가고 있다. 그중에서도 특히 인공지능(AI), 휴머노이드(Humanoid), 양자컴퓨팅(Quantum Computing)은 모든 뉴스를 다 몰고 다닐 정도로 가장 핫하다.

트럼프 1기 시절에 클라우드 서비스, 공유경제, 사물인터넷, 5G가 주식시장을 움직인 테마이자 기술이었다면, 지금은 인공지능·휴머노이드·양자컴퓨팅 세 개 기술이 주식 시장을 움직이기 시작했으며 향후 10년간 우리에게 명확한 수익의 기회를 제공해 줄 "투자의 금맥"으로 자리를 잡아가고 있다.

물론 인공지능을 제외한 나머지는 아직 시제품 운영 및 테스트 단계에 머물러 있지만, 조만간 상업화가 진행될 것으로 예측이 되며, 그때가 되면 폭발적 성장도 점쳐진다. 이미 각 기술을 선도하는 대표 기업으로 막대한 투자 자금이 유입되는 흐름도 보인다.

예를 들어, 휴머노이드 분야에서는 테슬라와 피규어(Figure, 인공지능 로봇 스타트업)가 고성능 시제품을 매스컴이나 SNS에 공개하면서 투자 열기를 고조시키고 있다. 참고로 피규어는 미국 캘리포니아주 새너제이에 본사를 둔 휴머노이드 로봇 스타트업으로 설립 2년차인 2024년 2월에 마이크로소프트, 엔비디아, 아마존 등으로부터 6억 7,500만 달러(약 9천억 원) 규모의 대규모 투자를 유치하며, 기업 가치를 26억 달러(약 3조 5천억 원)로 끌어올렸다.

정리하자면, 우리가 이 책에서 주목할 3대 기술은 이제 막 비상을 꿈꾸는 용처럼 앞으로의 10년을 기약하며 성장의 시동을 걸고 있다. 첨단 기술이라는 점에서 마치 장벽처럼 인식되고 낯설게도 여겨지지만, 사고팔기에 능숙하지 않은 초보 투자자라면 오히려 이들 기업에 장기 투자하고 이들의 성장을 지켜보는 것이 더 합리적인 선택이라고 과감히 말하고 싶다.

기술에 대한 세세한 지식은 이 책을 읽는 것을 비롯해 시간을 갖고서 학습해 나가면 된다. 방향성을 읽고 지금부터라도 장기 투자를 실행에 옮기는 것이 중요하다. 그렇게만 한다면 기대 이상의 투자 성과를 얻을 수 있다. 앞에서 "투자의 금맥"이라고 언급한 이유도 그 때문이다.

2.
상호 의존하며 발전하는 기술

이제 본격적으로 10년 뒤를 좌우할 3대 첨단 기술에 대해 좀 더 자세히 살펴보자. 이를 위해 최첨단 기술의 각축장이 되는 CES 2025 행사장으로 날아가 보자.

2025년 행사장은 그 어느 때보다 뜨거운 열기로 가득했다. 역대 최대 규모의 미디어 업체들이 참석했고 1,400여 개의 스타트업이 자신들의 혁신을 선보였다. 이번 행사는 단순히 기술 전시를 넘어 인류의 미래를 조망하는 자리나 마찬가지였다. 그리고 4차 산업혁명 운운할 때부터 주목을 받아왔던 몇 가지 핵심 기술이 그동안 어떤 발전을 거두었는지 볼 수 있었다.

그중 CES의 기조연설을 맡은 엔비디아 CEO 젠슨 황은 이미 상당히 대중화된 인공지능의 향후 진화 방향을 다음과 같이 제시했다.

"AI는 놀라운 속도로 진보하고 있습니다. 최초에는 이미지와 단어, 소리를 이해하는 인지·분류형 AI(Perceptional AI)에서 시작했고, 이어서 텍스트와 이미지와 소리를 생성하는 생성형 AI(Generative AI)가 등장했습니다. 이제 우리는 처리와 추론, 계획과 행동이 가능한 에이전틱 AI(Agentic AI)와 피지컬 AI(Physical AI)의 시대로 들어가고 있습니다."

이뿐만이 아니었다. 젠슨 황은 자율형 휴머노이드의 상용화가 임박했음도 시사했다. 범용 로보틱스의 '챗GPT 모먼트(AI 분야의 분기점이 된 챗GPT 출연 같은 큰 변화)'가 머지않았다고 말하면서 피지컬 AI, 휴머노이드, 자율주행차 세 축으로 로보틱스의 혁신이 가속될 것임을 강조했다. 그리고 휴머노이드 개발을 가속화하는 여러 개발 및 학습 플랫폼도 함께 공개하면서 이 도구들이 몇 년 안에 로봇 분야에서 매우 빠르고 획기적인 돌파구 역할을 할 것이라고 덧붙였다.

주요 인사들이 인공지능과 휴머노이드의 미래를 언급한 것과 별개로 또 하나의 첨단 기술인 양자컴퓨팅과 관련해서는 하프데이(half day) 규모의 별도의 전문 섹션이 차려졌다. 이 트랙은 '퀀텀 월드 콩그레서'(Quantum World Congress)와의 파트너십으로 구성되었다. 여기서는 하드웨어, 소프트웨어, 센서·

광학, AI와의 결합 등 양자 기술의 비즈니스 적용 가능성을 다루는 발표가 이어졌다.

불과 몇 년 전까지만 해도 공상과학 영화의 단골 주제로 등장했던 이들 기술(인공지능·휴머노이드·양자컴퓨팅)이 이제는 전시회 주제로만 한정되지 않고, 여러 기업의 주요 과제와 미래 먹거리로 등장하면서 예상보다 빠른 발전과 상용화 가능성을 보여주고 있다.

그렇다면, 실제로 이들 기술의 개발 및 활용 단계는 어디까지 온 것일까? 2022년 챗GPT 출시 후 비약적으로 발전한 인공지능은 이미 사무 업무 보조, 금융 업무 처리, 기업의 생산 효율화 등은 물론이고, 그림 그리기와 동영상 제작 같은 예술 창조의 영역으로까지 용도가 확산되는 중이다. 그리고 최근에는 사용자의 다양한 니즈에 능동적으로 대처하는 "에이전틱 AI"와 실세계의 물리적 작업에 활용되는 "피지컬 AI"로 다시 한번 진화하고 있다.

그리고 인간의 외형을 본떠 만든 로봇인 "휴머노이드"는 현재 공장이나 물류창고 등에서 테스팅을 마치며 산업현장에서의 상용화를 목전에 두고 있다. 고도로 학습된 인공지능이 탑재된 휴머노이드는 인간이 하기 어려운 일이나 위험한 일을 대신 수행하는 역할로, 고령화 시대의 노동력 부족에 대한 대안으로 학계와 기업 그리고 정부의 관심과 투자를 이끌어

내고 있다.

"양자컴퓨팅"은 아직 상용화 시기를 속단하기 이르지만, 기존 컴퓨터로는 수천 년에서 수십만 년이 걸리는 시뮬레이션을 불과 몇 분 만에 처리해 낼 수 있는 잠재성을 지니고 있다. 이에 따라 의학, 물류, 유통 등 다양한 분야에서의 실용화 가능성에 주목하며 관련 기술을 개발하는 기업이 지속적으로 증가하고 있다.

한 가지 재미있는 사실은 이 세 가지 기술이 서로 동떨어진 것이 아니라, 상호 작용을 통한 강한 시너지 효과를 발휘하는 특징을 갖고 있다는 것이다. 그래서 주요국 정부나 글로벌 빅테크 기업은 어느 하나만 선택적으로 집중하는 게 아니라 인공지능·휴머노이드·양자컴퓨팅 전 분야에 걸쳐 개발과 육성을 동시에 추진하고 있다.

투자자 입장에서도 이렇게 접근하는 게 보다 효율적이다. 휴머노이드가 자율적으로 판단하고 움직이기 위해서는 인공지능의 탑재는 반드시 필요하다. 그리고 여기에 탑재되는 인공지능을 학습시키려면 현실 세계를 모방한 시뮬레이션 플랫폼과 더욱 복잡한 구조의 3차원 데이터를 필요로 한다. 그러려면 인공지능 관련 칩의 양적·질적 개선이 있어야 한다. 그리고 양자컴퓨팅을 활용해 복잡한 계산을 마친 결과를 분석하고 해석하는 데에도 인공지능이 유용하다(2024년 11월 구글에서는 자사의 양자 칩 시카모어_Sycamore의 연산 결과를 인공지능으로 더욱 쉽게 분석하고 오류율도 낮추었다는 연구 결과를 발표한 바 있다). 이외에도 인간이 생존하기 극한 환경에서 작업을 대신 수행할 수 있는 휴머노이드 기술은 양자컴퓨팅 기술 구현을 위해 설정된 극단적 환경(저온, 진공 등) 하에서 수리나 점검의 업무에 유용하게 쓰일 수 있다. 물론 그렇게 되기 위해서는 휴머노이드의 내구성과 정밀성이 상당히 개선되어야 한다. 그래서 아직은 요원해 보이지만 향후 예상되는 기술 발전 속도를 감안한다면, 충분히 실현 가능한 시나리오이다.

이처럼 인공지능·휴머노이드·양자컴퓨팅은 각각의 독립적인 분야라기보다 상호 의존하며 함께 발전해 가는 관계에 있다. 따라서 앞으로 10년을 내다보는 투자자라면 이 세 가지 기술에 균형 있게 투자하는 것이 합리적이다. 우리가 각 기술과 산업의 성장이 다른 영역에 미치는 영향을 이해하고 통합적 관점에서 투자 기회를 포착해야 하는 이유가 바로 여기에 있다.

3.
5년 뒤가 될 수 있는 빠른 성장성

과연 인공지능·휴머노이드·양자컴퓨팅 기술을 활용한 관련 비즈니스 성장 잠재력은 어느 정도가 될까? 매우 높을 것으로 충분히 예상되는 바이지만, 여러 기관 및 연구소에서 발표한 자료 등을 보면서 조금 더 구체적으로 살펴보자.

우선 챗GPT로 촉발된 생성형 AI 열풍으로 인공지능은 이제 누구나 인정하는 산업의 생산성과 효율성을 높이는 기반 기술이 되었다. 현재 거의 모든 유형의 산업에서 인공지능 기술을 비즈니스 모델에 적용하는 시도를 하고 있으며, 앞으로 이러한 전환을 빠르게 하는 기업이 장기적으로 시장을 주도할 것으로 예상된다. 당연히 인공지능과 관련 산업에 대한 수

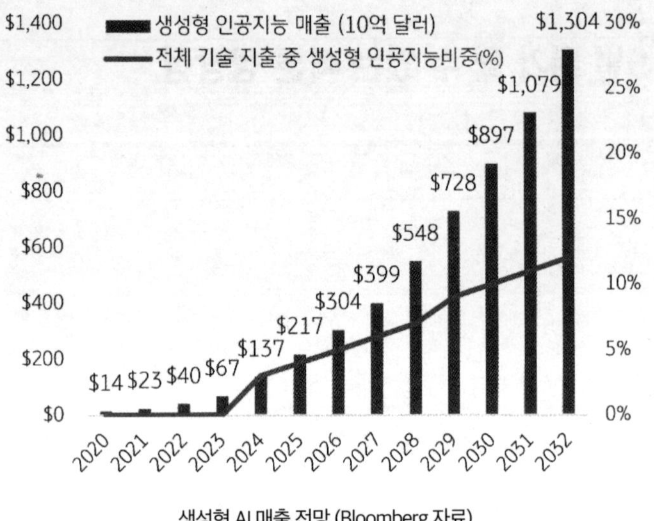

생성형 AI 매출 전망 (Bloomberg 자료)

요는 엄청난 성장세를 보일 것이다.

블룸버그 인텔리전스는 2024년 약 1,370억 달러 수준이던 생성형 AI 시장이 2032년엔 1.3조 달러에 달할 것으로 예상한다는 보고서를 냈다. 이를 연평균 성장률로 환산하면 대략 32.5%가 나온다. 그리고 글로벌 IT 컨설팅 기업 가트너 또한 비슷한 전망을 했는데, 2024년 2,334억 달러로 추산되는 글로벌 AI 시장 규모가 연평균 29.2%씩 성장하여 2032년에는 1.77조 달러로 확대될 것으로 보았다.

사실 2024년도에 인공지능 테마가 주목을 받으면서 엔비디아를 중심으로 한 M7(마이크로소프트, 애플, 엔비디아, 알파벳, 아마존, 메타, 테슬라) 주가가 급등한 바 있다. 당시 일각에서는 이익 대비 높은 주가 수준 때문에, 1999년 IT 버블과 비교하는 우려의 목소리가 높았다(이런 거품론은 지금도 종종 몇몇 분석가들에 의해 제기된다). 하지만 점점 더 인공지능 서비스가 확대되고 매출이 입증되는 등 실적으로 증명이 되면서, 거품에 대한 우려는 조금 진정이 되는 분위기다. 그래서 지금의(2025년) 인공지능 테마의 상승장은 과거 1999년의 닷컴버블 당시의 주가 상승과는 다른 것으로 평가받는다.

휴머노이드도 마찬가지다. 아직은 상용화 이전 단계지만, 조만간 다양한 산업 현장에서 인간 노동력을 보완하거나 대체하며 생산성 혁명을 이끌 잠재력을 충분히 갖추고 있다. 여기에 인공지능과 다양한 센서 기술의 발전은 향후 휴머노이드 시장의 성장을 가속화시킬 것으로 기대된다. 글로벌 연구조사 기관들은 대체로 연평균 40~50%의 높은 성장세를 전망한다.

글로벌 투자은행 골드만삭스의 보고서를 보게 되면, 전세계 휴머노이드 시장 규모는 연평균 50.2%씩 성장하여 2030년에는 138억 달러, 2035년에는 380억 달러에 도달할 것으로 나온다. 산업 현장을 중심으로 한 휴머노이드의 폭발적 잠재 수요와 이에 부응한 생산량 증가를 기대하기 때문이다. 하

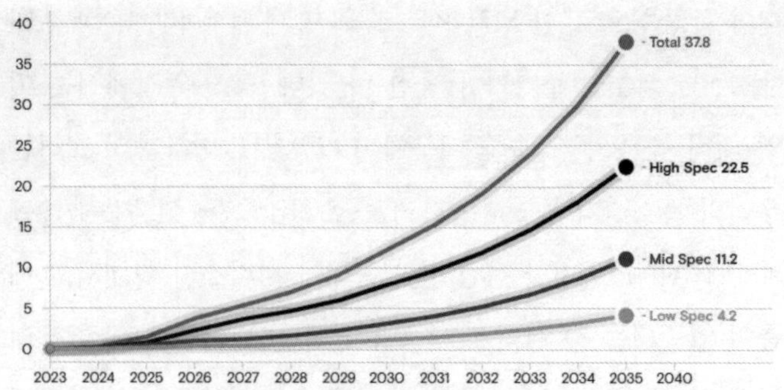

글로벌 휴머노이드 시장 전망 (골드만삭스 자료)

나증권은 2024년 1.3만 대에 불과한 글로벌 휴머노이드 생산 대수가 2032년에는 330만 대까지 증가할 것으로 추정했다. 포춘비즈니스도 2024년 말 32.8억 달러로 추산한 글로벌 휴머노이드 시장이 연평균 45.5%가량 성장하여 2032년에 660억 달러에 달할 것으로 보았다. 물론 다른 산업으로의 파급에 따른 부가가치까지 감안한다면 실제 규모는 이보다 훨씬 더 커질 것이다.

좀 더 장기적인 관점에서 보면 어떨까? 모건스탠리는 본격적인 대중화가 예상되는 2050년까지 총 10억 대의 휴머노이드가 보급되는 장미빛 전망을 했다. 만약 대당 평균 3만 달러를 가정하면 휴머노이드 시장의 규모는 30조 달러가 되며, 여기에 연간 신규·교체·수리 수요를 총 규모의 6~7%로 가정하면 매년 2조 달러 전후의 가치 창출이 가능하다는 계산도 나온다. 아마도 휴머노이드가 현재의 자동차 혹은 가사일을 도와주는 청소기처럼 웬만한 중산층 가정의 필수 아이템이 된다면, 절대 허황된 숫자라고 볼 수 없을 것이다.

양자컴퓨팅의 경우에는 아직 구동 방법이 표준화되지 않고 상용화 시기도 불투명한 만큼 전망의 불확실성이 인공지능이나 휴머노이드에 비하면 크다. 일각에서는 상용화까지는 최소 10년 이상이 소요될 거라는 지적도 있다. 실제 2025년 1월, 엔비디아 CEO 젠슨 황은 "양자 컴퓨팅은 혁신적인 기술이지만, 실제 응용 분야에서 그 잠재력을 최대한 발휘하려면 최소 15년은 더 걸릴 것"이라고 발언하여 뜨거운 논쟁을 불러일으켰다(5개월 후의 GTC 개발자 컨퍼런스 기조 연설에서는 앞으로 몇 년 내에 다양한 문제 해결에 있어 양자컴퓨터가 상용화될 거라는 상반된 전망을 하기도 했다). 그럼에도 불구하고 양자컴퓨터 기술이 가진 엄청난 잠재력 때문에, 각국 정부와 기업이 치열하게 기술 경쟁을 펼치고 있는 만큼, 양자컴퓨팅 또한 예상보다 빠르게 진행될 수 있다. 생성형 AI가 출시 이후 대중화되는 데 불과 몇 년밖에 걸리지 않은 것처럼 말이다.

한국의 과학기술정보통신부 외 2개 기관이 공동 발간한 양

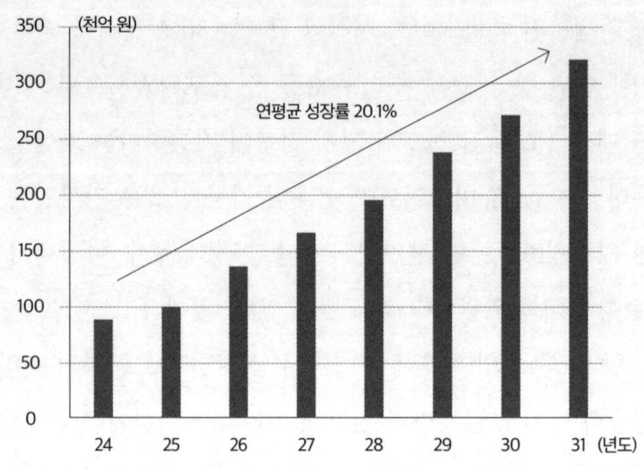

글로벌 양자컴퓨터 시장전망 (KB경영연구소, 양자정보기술백서(2024) 자료)

자정보기술 백서(2024)를 보게 되면, 연평균 20.1%씩 성장해 2031년에는 그 규모가 32조 원에 이를 것으로 전망했다. 맥킨지와 포춘비즈니스도 2024 ~2032년간 해당 시장이 연평균 30%대 이상 고성장을 할 것으로 각각 전망한 바 있다. 산업별로는 금융, 보건·의료, 정부·공공안전 분야의 비중이 높을 것으로 전망했다.

지금까지 살펴본 것만으로도 세 가지 첨단 기술의 성장성이 매우 높음을 충분히 알 수 있다. 그리고 여기에 더해, 이들 기술이 우리가 미처 예상 못 한 다른 산업과 시장을 흡수하며, 추가로 성장할 가능성도 충분히 예견된다. 신기술은 종종 "파괴적 혁신"(Disruptive Innovation)으로 이어질 수 있기 때문이다.

과거 애플은 스마트폰을 통해 단순히 전화기 시장만 대체해 버린 것이 아니라, 기존의 디지털 카메라와 MP3 플레이어 시장을 파괴하고 흡수하며 높은 성장세를 보였다. 에어비앤비는 주거 시설의 공유경제 플랫폼을 통해 수요 측면에서는 기존 숙박업을 그리고 공급 측면에서는 기존 임대업을 일부 흡수하며 빠르게 성장했다.

파괴적 혁신이 어떤 방향으로 얼마나 일어날지는 예측하기가 매우 어렵다. 하지만 이들 기술은 분명 인간의 노동 방식 및 일상생활 자체를 송두리째 바꿀 잠재력을 갖고 있다. 따라서 기술이 상용화되고 비용 합리화로 점차 대중화되면, 스마트폰 사례처럼 다른 산업과 시장의 흡수를 통한 예상외의 추가 성장도 기대할 수 있다. 그리고 이를 실현해 내는 기업은 지속적으로 성장하는 기술주이자 업종 대표주로서 투자자들에게 장기적으로 잭팟의 기회를 제공할 것이다.

4.
기술 선점을 위한 치열한 경쟁

2025년 1월 20일 도널드 트럼프가 두 번째 백악관 시대를 열었다. 그는 선거 전부터 미국 우선주의(America First)를 강하게 외쳤고, 대통령 취임식 연설에서는 "미국은 다시 위대해질 것이며, 경쟁국의 위협을 용납하지 않을 것"이라며 강력한 메시지를 던졌다.

미중 간의 경쟁 구도는 트럼프의 귀환으로 더욱 치열해졌다. 미국은 군사적으로 중국의 해양 진출을 저지하기 위해 바이든 정부 시절 추진된 일본, 호주, 인도 간 군사 협력체(쿼드_Quad, 4자 안보 대화)를 강화하고 무기 공급을 지속하고 있다. 중국도 여기에 맞서 군비 증강을 꾀하고 있다. 그럼에도 불구하고, 첨단 무기의 성능과 작전 능력 등 군사 분야에서는 아직 미국에 뒤처져 있다.

하지만 첨단 분야의 기술력과 경제력에서는 미국을 추격하는 중국의 행보가 예사롭지 않다. 2023년 호주전략정책연구소(ASPI)의 연구 결과를 보게 되면, 반도체, 인공지능, 양자정보통신, 생명공학, 로봇 등 64개 주요기술 분야의 산출물 중 57개 부분에서 중국이 선두를 차지했음을 볼 수 있다. 실제로 휴머노이드의 경우 최근 5년 동안 특허 출원 건수에서 중국이 미국보다 3배 이상 많은 것으로 나타났다.

이러한 중국의 행보가 미국이 확보한 군사적 우위조차도 장기적으로는 위협할 수 있다는 우려가 제기되면서, 양국 정부의 긴장감은 신냉전을 불사할 정도로 커지고 있다. 뉴스에서 언급되는 것처럼 미국은 경제적으로는 관세 압박을 통해, 기술적으로는 첨단 부품의 수출 제한과 동맹국을 통한 직간접적인 견제로 중국에 맞서고 있다.

미래 산업을 이끌 인공지능·휴머노이드·양자컴퓨팅 기술과 관련해서 미중을 중심으로 각국의 각축선 양상을 좀 더 사세히 살펴보자.

시진핑 집권 3년 차인 2015년, 중국은 "중국제조2025"(中国制造2025) 전략을 통해 반도체·AI·로봇 등 첨단 산업의 자립화를 국가의 핵심 과제로 삼았다. 이는 '세계의 공장'에서 '기술 중심 제조 강국'으로 전환하려는 시도로 정부의 자금 지원과 민간 빅테크 기업의 기술력이 맞물리면서 일부 분야에서는 세계 수준의 경쟁력을 보여주고 있다.

이에 강한 위협을 느낀 미국은 2017년 트럼프 1기 정부 시절부터 다양한 규제와 제재를 단행했다. 그리고 2018년에는 중국의 ZTE나 화웨이가 통신 장비 혹은 반도체 칩을 제조할 때, 미국 기술 사용을 금지하거나 서방 기업과 거래하지 못하도록 하는 제한 조치를 미 상무부가 단행하기도 했다. 2018년 미국의 국방수권법(NDAA)에는 미 국방부가 화웨이 또는 ZTE 장비를 사용하는 계약을 연장하거나 새롭게 체결하지 말라는 조항도 포함되어 있다. 그리고 독자적 반도체 설계 및 생산 능력을 약화시키기 위해 중국으로의 반도체 제조 장비 수출이나 위탁 생산을 제한하는 압박을 동맹국에게 가하기도 했다. 이뿐만이 아니다. 2022년에는 엔비디아의 고성능 GPU인 A100의 중국 판매를 중지했으며, 2023년에는 상대적으로 저사양의 H800 수출도 중지했다. 가장 최근인 2025년 5월에는 중국 수출용으로 만든 저성능 AI 반도체 H20조차도 일시적으로 수출을 통제했다.

하지만 이러한 수 년에 걸친 제재에도 불구하고, 중국의 반도체 및 인공지능 개발 기술력은 이미 상당한 수준에 오른 것으로 보인다. 2025년 1월 중국의 스타트업 딥시크(Deepseek)는 자신의 이름을 딴 생성형 AI 모델 딥시크 R1(DeepSeek-R1)을 공개했다. 이 모델은 수학적 추론, 논리 문제 등 여러 벤치마크 테스트에서 오픈AI의 최신 모델인 챗GPT o1과 비교했을 때 대등하거나 일부 항목에서는 앞서는 결과를 보여 전 세계를 깜짝 놀라게 했다.

여기서 주목할 점은 딥시크가 미국산 고성능 GPU 의존도를 최소화하면서 자체 클라우드 인프라와 화웨이 칩 등 자국 반도체를 기반으로 모델을 훈련시켰다는 점이다. 비록 안정성과 효율성 문제로 일부 과정에는 엔비디아 GPU가 병행되었다는 보도도 있지만, 중국 기업이 미국의 수출 통제 환경 속에서 자체 AI 밸류체인을 구축해 고성능 모델을 구현했다는 사실은 그 자체만으로 큰 의미가 있다.

실제로 이 사건(?)은 미국을 비롯한 전 세계를 충격에 빠뜨렸다. 미국이 AI 모델 성능에 있어서 확고한 기술 우위를 확보하고 있다는 선입견이 깨지는 계기를 마련했다. 발표 직후 엔비디아 주가가 일시적으로 하락했고, 글로벌 AI 시장 전반에서 "중국이 더 이상 추격자가 아니다"라는 인식을 만들었다.

결국 딥시크의 등장은 미국의 반도체 수출 통제 정책이 일정 부분 한계를 드러냈음을 보여주는 동시에, AI 기술의 경쟁 구도가 단순히 칩 성능을 넘어 데이터, 알고리즘, 에너지 효율성, 정부 지원 생태계 등 복합적 요소의 경쟁으로 이동하고 있음을 시사했다. 미국은 통제 강화와 함께 자국 내 기술 혁신 속도를 높이는 이중 전략을 병행하는 수밖에 없는 상황에 놓이게 되었다.

휴머노이드 - 리쇼어링의 성패를 좌우할 치트키

2020년 3월, 코로나19의 발발과 더불어 드러난 두 가지 사실에 세상은 충격에 빠졌다. 첫 번째는 코로나 바이러스의 높은 치사율이었고, 두 번째는 초강대국 미국의 민낯인 취약한 의료 서비스와 제조업 기반이었다. 당시 미국 정부는 진료를 제때 받지 못해 다수 국민이 죽어나가는데도, 방역 마스크와 시신 수거용 비닐백조차 제대로 확보하지 못해 다른 나라에 SOS를 쳐야만 했다.

반면, 지구 반대편의 중국과 한국 등 제조업 기반이 탄탄한 국가들은 바쁘게 공장을 돌렸다. 특히 미국과의 경쟁 도구로 자국 화폐 위안화의 국제화를 추구하던 중국은 이 기회를 틈타 자국 통화 결제 기반을 빠르게 확대해 나갔다. 물론 미국 달러와 비교하면 10분의 1에도 미치지 못하지만, 절대 규모에서는 코로나 직후부터 지금까지 200% 이상 성장했다.

사실 20세기 중반까지만 해도 미국은 누구도 넘볼 수 없는 전 세계 최대의 농업 및 공업 생산 기지였다. 하지만 1960년대 이후 미국 중심의 세계화와 더불어, 값싼 노동력을 찾아 일본과 한국, 대만 등으로 공장이 이전하면서 제조업 기반이 빠르게 붕괴됐다. 1990년대부터는 중국이 세계의 공장을 자처하면서 미국의 대기업 제조 시설을 자국으로 유치해갔으며 그 결과 현재 미국인들이 쓰는 아이폰은 대부분 중국에서 만들어지고 있다.

이런 상황에서 2020년 코로나19 사태는 미국 정부의 제조업에 대한 입장을 바꾸기에 충분했다. 더군다나 패권에 도전하는 중국을 성공적으로 견제하기 위해서는 제조 능력을 다시금 확보해야 했고, 여기에 세수 및 고용 증대 효과까지 고려해 자신의 영토 안으로 공장을 다시 불러들이는 리쇼어링(reshoring)을 해야 했다. 결과적으로 이는 트럼프 2기 정부의 핵심 정책이 되었다.

다만 리쇼어링이 성공하기 위해서는 충분한 산업 부지, 풍부하고 값싼 노동력, 그리고 수도·전력·교통시설 등의 생산

인프라가 뒷받침되어야 한다. 미국의 경우 다른 건 중국에 비해 뒤지지 않지만, 생산에서 가장 중요한 노동력에서는 절대적으로 불리하기 때문에(중국에 비해 노동자의 임금이 훨씬 비싸다) 제조업 부활을 실현하기 위해서는 인간처럼 정교하고 다양한 작업 수행이 가능한 휴머노이드의 개발이 중요하다.

물론 지금도 중공업 분야에서는 기존의 산업용 로봇이 활발히 활동 중이지만, 경공업부터 정밀 제조업에까지 다양한 인간 노동력을 대체하지는 못하고 있다. 현재 휴머노이드는 이를 해결하고 MAGA(마가, Make America Great Again)를 실현하기 위한 가장 현실적 대안 중 하나로 부각되고 있다.

양자컴퓨팅 - 기술 우위 구도를 뒤집는 게임체인저

지난 몇 년 동안 각국의 기업과 연구 기관들은 양자컴퓨팅 혁신을 주도하기 위해 많은 노력을 기울였다.

미국의 IBM, 구글, 마이크로소프트, 아마존 등은 수십에서 수백 큐비트 규모의 양자 프로세서를 연구 및 클라우드 서비스로 공개했다. 미국 정부도 예산을 증액하고 규제 완화와 인력 양성 정책을 강화하면서 상용화를 추진하고 있다. 오랫동안 유지해 온 미국의 기술적 우위는 현재도 변함이 없으며, 이

40

를 바탕으로 양자컴퓨팅 혁신을 주도하고 있다.

중국도 정부 주도로 양자컴퓨팅 하드웨어와 위상·초전도 큐비트 기술에 대규모 투자를 집행하고 있으며, 양자통신 분야에서는 이미 상당한 진전을 이루었다고 한다. 다만 중국의 기술 확보는 주로 하드웨어 성능과 규모 중심이며, 오류 보정 및 논리 큐비트의 확보, 소프트웨어 개발 등에서는 미국에 비해 아직 추격 단계라는 평가가 많다.

일찌감치 양자컴퓨팅 기술의 잠재력을 파악하고 개발에 뛰어들었던 EU 또한 현재 상당한 수준의 기초 연구 역량을 확보한 것으로 평가받는다. 다만, 상업화 등을 위한 투자 규모에 있어서는 미국이나 중국에 비해 현저히 낮은 것으로 알려져 있다.

양자 컴퓨터는 기존 컴퓨터와 다른 연산 구조를 바탕으로 신약 개발, 신소재 설계, 금융 모델링 등 다양한 산업 분야에서 혁신을 일으킬 수 있다. 그리고 암호화 기술 분야에서도 현재의 암호 체계를 무력화해 국가 안보에 중대한 영향을 미칠 수 있다. 이러한 이유로 양자 컴퓨팅은 미래 국기 간 패권의 핵심 변수로서 그 잠재성을 높이 평가받는다. 그래서 각국은 기술 선점을 위해 치열한 경쟁을 벌이는 중이다.

양자 컴퓨팅의 상용화는 아직 선결해야 할 기술 및 제조 과제들이(노이즈·오류율, 큐비트 수, 비용, 인력, 규제 및 인프라) 많은 만큼, 불확실성 또한 만만치 않다. 현시점 기준으로는 미국 중심의 기술 우위 구도지만, 일순간 이를 뒤집을 잠재력이 어느 나라에서 어떻게 발휘될지는 알 수가 없다. 앞으로 어떤 국가, 그리고 어떤 기업이 주도권을 잡을 것인지 잘 지켜볼 일이다.

5.
국가별 지원 정책과 성장 전략

앞의 글에서 기술별로 각국이 어떻게 경쟁하고 있는지 살펴보았다. 이번 글에서는 3대 기술을 양성시키기 위해 국가별로 어떤 정책을 갖고서 투자와 지원에 나서고 있는지 좀 더 자세히 살펴보고자 한다.

최근 고령화와 보호무역 기조로 경제 잠재성장률이 떨어지고 있다. 이를 극복하기 위해 많은 니라가 정부 주도하에 특정 산업이나 분야에 자원을 집중적으로 투입하고 첨단기술 개발을 유도하는 경제 정책을 펼치고 있다. 현재 인공지능·휴머노이드·양자컴퓨팅 기술이 이러한 중심에 서있다.

특히 미중을 비롯한 여러 강대국은 패권 경쟁에서 우위를 선점하기 위해 기술 개발을 통한 핵심 역량 확보에 적극적인 정책 지원과 과감한 투자를 병행중이다. 다만 국가마다 접근 순서와 방식은 조금씩 다른데, 미국은 민간 주도의 혁신을, 중국은 국가 주도의 집중 투자를, 유럽연합은 규제 기반의 표준화에 주력하고 있다. 이들에 비해 후발 주자인 우리나라는 2025년에 들어서서야 기술 개발을 위한 정부 기구 구성과 투자 플랜을 발표했다.

미국 - 민간 주도의 혁신

미국은 2차 대전 이후, 모든 첨단 기술 분야에서 우위를 점하고 있는 초강대국이다. 냉전 시대의 군사·과학 경쟁 속에서 컴퓨터 기술의 비약적 발전이 미국에서 이루어졌고, 이는 21세기 디지털 혁신의 토대가 되었다.

인공지능 관련해서도 미국은 다른 나라에 비해 기술적 우수성을 입증하고 있다. 예를 들어, 2024년 기준으로 주요 기관이 발표한 AI 모델 수(40개)는 2위인 중국(15개)과 두 배 이상 격차를 보인다. 이러한 차이의 원인으로는 인프라 수준에서부터 비롯된다고 볼 수 있다. 데이터 서비스업체 CEIC에 따르면 2024년 4분기 기준 하이퍼스케일(극도로 확장 가능한 대형

규모의) 데이터센터의 미국 점유율은 54%로 2위인 중국(16%)의 세 배가 넘는다.

영국의 토터스미디어가 발표한 2024년 국가별 AI 경쟁력 순위에서도 미국은 7개 세부 평가 항목에서 모두 앞서는 1위로 나타났다(2위는 중국이다). 그리고 최근 급성장하는 중국에 대비해 기술 경쟁 우위를 계속적으로 유지하기 위해 대규모 자원 투입, 기술 표준화 및 제도화, 동맹국과의 연대 등 장기적 관점에서 다양한 전략을 수립 실행하고 있다.

간단히 살펴보면, 2021년 미국혁신경쟁법(USICA)을 통해 중국과의 경쟁에서 반드시 이겨야 하는 여섯 가지 기술로 반도체·인공지능·차세대 통신·항공 우주·바이오 의약품·양자 컴퓨터를 언급하고, 이와 관련해서 총 2,500억 달러의 예산을 편성했다. 2022년에는 미국 내 반도체의 국내 연구 및 제조를 촉진하기 위해 반도체 과학법(CHIPS and Science Act)를 제정하고 총 527억 달러 예산을 편성했다. 2024년에는 연방정부가 자국 기업의 AI 서비스를 구매해 이용하는데 약 50억 달러를 배정하는 등, 시장 형성 및 민간 비즈니스 육성에 적극 개입 중이다.

트럼프 2기 정부는 2025년 1월 IT 대기업들(오픈AI, 오라클, 소프트뱅크 등)이 공동 참여하는 "스타게이트 AI 프로젝트"를 발표했다. 미국 내 AI 인프라 강화를 통해 주도권을 확보하고,

국가 안보 및 기술 자립 역량을 강화하겠다는 전략으로 시작되었다. 향후 4년 동안 총 5천억 달러의 예산을 책정한 이 프로젝트는 첨단 데이터센터, 전력 공급, 냉각 시스템 등을 갖춘 최첨단 AI 인프라 구축을 목표로 한다. 그리고 2025년 3월에는 2030년까지 1,000큐비트 양자컴퓨터의 상용화를 목표로 하는 "퀀텀 이니셔티브 2.0"의 추진을 예고했다. 이를 위해 민간 업체와 협력해 양자 클라우드 플랫폼을 확장하고, 연방정부 기관에 일정 비율 도입 및 이용을 의무화할 예정이다.

중국 - 국가 주도의 집중 투자

경제와 군사 분야에서 미국의 뒤를 바짝 쫓고 있는 중국은 첨단 분야의 '기술 자립'을 선언하며 엄청난 성장세를 보여주고 있다. 하지만 미국의 견제 또한 날이 갈수록 심해지는 만큼, 최근 수년간 기술 자립에 중점을 두며, 정부 주도 형태의 투자에 집중하고 있다.

일찍이 중국 정부는 2023년 "신산업 표준화 선도공정"(新产业标准化领航工程实施方案) 실시 방안에서 인공지능·휴머노이드·양자컴퓨팅을 포함한 아홉 가지 기술(나머지 기술은 메타버스·뇌-기계 인터페이스·바이오·미래 디스플레이·미래 네트워크·신형 에너지 저장 시스템)을 미래 육성산업으로 지정한 바 있다.

또한 그해 11월에는 중국 산업정보화부(MIIT)에서 "휴머노이드 로봇 혁신 발전 로드맵"(类人机器人创新发展路线图)을 발표하며, 향후 2년 내로 휴머노이드 대량생산 기반을 마련하겠다고 선언했다. 현재까지 27억달러(190억 위안 내외) 이상의 예산이 투입된 것으로 추정되며 유니트리(Unitree), 유비테크(UBTech) 등 중국의 대표적 로봇 스타트업을 통해 제조, 물류 등 산업 영역 위주로 휴머노이드를 시범 운영하고 있다.

2024년 7월 베이징시는 산업 전반에 인공지능을 핵심 인프라로 활용하여 2035년까지 스마트 경제·사회를 실현할 수 있도록 인공지능 R&D와 산업 활용을 동시에 촉진하겠다는 내용의 "AI 플러스 행동계획"(人工智能+行动计划)을 발표했다. 그 일환으로 2025년 3월, 중국은 인공지능과 양자컴퓨팅 등 기술개발 지원을 위해 1조 위안(약 1,380억 달러) 규모의 정부 지원 벤처펀드 설립을 발표했다. 이 펀드는 공공과 민간 부문의 공동참여 형태로 운영되며, 고위험·장기 프로젝트를 주요 투자 대상으로 삼고 있다. 중국은 미국의 기술 견제에 대응하는 한편, AI·로봇·양자 분야에서 내적 성장 기반을 확보하려고 애쓰는 중이다.

유럽연합(EU)은 2025년 4월, 인공지능 산업 주도권 확보를 위해 2,000억 유로 규모의 투자와 더불어 비즈니스 규제 합리화 등을 골자로 하는 "AI 컨티넨트 액션 플랜"(AI Continent Action Plan)을 발표했다. 이 계획은 EU 내 AI 역량 강화, 인프라 구축, 규제·표준 조정, 인재 양성 등을 목표로 한다. 이 계획에는 AI 팩토리와 AI 기가팩토리 구축, 클라우드 및 데이터 센터 확장, 규제 간소화 등이 포함되어 있다. 문건에는 2025년부터 2026년 말까지 최소 15개 이상의 선택된 AI 팩토리가 가동되고 네트워크화되며, 주요 AI 인프라와 상호 연결될 것을 목표로 했다. (AI 팩토리는 중소기업, 스타트업, 연구기관 등이 AI 모델을 학습하거나 파인튜닝 할 수 있는 상대적으로 중규모 컴퓨팅 인프라 허브를 말한다. AI 기가팩토리는 팩토리에 비해 훨씬 더 대규모, 고성능, 대용량 연산 중심의 시설이다.)

양자컴퓨팅의 경우 이미 2018년부터 10억 유로의 예산을 투입하여 양자 기술 플래그십 프로젝트를 추진 중이다. 이 프로젝트는 다수의 유럽 회원국 및 연구 기관, 산업체와 학계 협업 구조를 갖고 있다. 양자 컴퓨팅, 통신, 센싱, 시뮬레이션 등을 포함한 여러 응용 분야를 아우르며, 2025년 3월 현재, 5,000명 이상의 연구 인력이 참여하고 연구 역량의 증대와 산업화를 동시에 추구하고 있다. 또한 유럽연합은 양자 기술 분야의 규격화 및 표준화 작업을 위해 CEN·CENELEC(유럽에서 기술 표준을 만드는 대표적 기관)과 협력하며, 퀀텀 기술 표준화 로드맵 문서 발행에 참여했다.

유럽연합은 미국과 중국과는 다르게 기술 표준화 및 법제화에 상대적으로 많은 노력을 기울이고 있다. 2024년 8월에는 인공지능의 윤리적 사용 및 시민 안전 보호, 잠재적 위험 예방을 목적으로 하는 AI 법안(Act)을 세계 최초로 발표했다. 이 법에서는 위험도에 맞춰 AI의 특성을 네 단계로 구분했다. 그리고 2025년부터 단계적으로 규제 사항·관리 절차·위반시 벌칙 등을 적용할 예정이다.

기술 서비스를 대중화하려면 안전성 확보를 위한 법제 기반과 거버넌스 체계가 필수적이다. 기술력에서는 다소 열세에 있지만, 구매력 높은 5억 명의 소비 시장을 보유한 유럽연합이 거버넌스를 선점한다면, 이를 활용한 새로운 형태의 부가 가치 창출이 가능할 것으로 보인다.

한국은 인공지능·휴머노이드·양자컴퓨팅 3대 기술 분야 모두에서 미중에 비해 큰 기술 격차를 갖고 있다. 정부는 이를 줄이고자 중장기적 플랜을 수립해서 운영 중이다.

인공지능에 있어서는 2025년 6월 정부가 AI 파운데이션 모델 개발 사업을 본격화하며, 2천억 원의 예산을 투입해 최신 글로벌 AI 성능의 95% 구현을 목표로 하는 "국가대표 AI 모델 프로젝트"를 출범시켰다. 과기정통부는 이 사업에서 5개 정예 팀을 선정하고, 국내 대표 IT 기업과 연구소들의 참여를 유도했다. 실제 네이버, KT, LG AI연구원 등 국내 대표 IT 기업들이 참여 의사를 밝혔다.

휴머노이드 관련해서는 2025년 4월 국가 차원 전략하에 산업통상부 주관으로 산·학·연·정 협력체 "K-휴머노이드 연합"을 출범시켰다. 이 연합은 로봇 AI와 휴머노이드 하드웨어 핵심 기술을 개발하고, 2030년까지 휴머노이드 강국이 되는 것을 목표로 삼고 있다. 대기업부터 스타트업까지 기업, 대학, 연구소 등 200개가 넘는 기관이 모였다.

양자컴퓨팅 분야에서는 2025년 3월에 국가 양자전략위원회가 출범했다. 이 위원회는 양자 기술의 R&D, 사업화, 전문 인력 양성, 스타트업 지원 등 주요 전략 과제를 총괄한다. 정

부는 양자컴퓨터·양자통신·양자센서 분야에서 기술 생태계
구축을 가속하겠다는 계획을 제시했다.

6.
개인의 생존 전략은 투자로

2016년 1월 스위스 다보스포럼에서 4차 산업혁명이 처음 언급된 이후 9년이 지난 지금, 우리는 일상의 많은 변화를 체감하고 있다.

스마트폰 하나로 전 세계의 정보를 검색하는 것은 물론이고, 인공지능 챗봇과 대화를 나누는 일도 누구나 하는 일상적인 일이 되었다. 맞춤형 상품 추천·광고 같은 다양한 예측 알고리즘과 VR·AR 기반의 메타버스 공간 역시 대중화 단계에 들어섰다. 사물인터넷과 인공지능 기술로 스스로 최적의 작업 방식과 양을 결정하고 자동으로 일하는 스마트 팩토리나 팜(농장)도 등장했으며, 이들의 생산 효율성도 크게 증가하고 있다.

하지만 빠른 기술 발전은 일자리가 사라질지 모른다는 불안 요인이 되기도 한다. 역사적으로 보게 되면, 혁신 기술이 새로운 일자리를 만들어내고 생활 수준을 높이는데 큰 일조를 하기도 했지만, 기존 노동자의 생계를 위협하며 빈부 격차를 극대화하기도 했다.

잠시 과거로 돌아가 보자. 18세기 산업 혁명으로 증기기관과 방직기가 발명되면서 생산성은 급속도로 높아졌지만 동시에 수공업에 종사하던 기존 노동자들은 일자리를 잃고 빈곤의 늪으로 떨어졌다. 그들은 이 변화에 항거하기 위해 기계를 파괴하는 러다이트(Luddite) 운동을 벌였다. 하지만 산업혁명의 거대한 흐름을 멈출 수는 없었다.

20세기 후반 컴퓨터와 자동화 기술의 발달은 또 다른 충격을 가져왔다. 1980년대 개인용 컴퓨터와 워드프로세서의 보급으로 이전까지 대기업 사무실에서 서류를 작성하던 타이피스트들의 일자리는 빠르게 줄어들었다. 한 때 회의장의 필수 인력이었던 속기사 역시 음성 인식 기술과 디지털 녹음기기의 등장으로 역사의 뒤안길로 사라졌다. 1980년대 자동차 제조업체 GM은 한 대당 10명이 필요했던 자동차 도장 작업을 로봇 팔 2개로 대체하며 근로자 수를 절반으로 줄였다. 하지만 생산량은 오히려 늘어났다. 기업 입장에서는 수익성이 높아진 셈이지만, 기존의 노동자들은 생활 기반이 흔들리는 큰 리스크에 직면한 것이었다.

2010년대 후반의 기술 혁신 역시 유사한 현상을 보이고 있다. 기술을 가진 글로벌 기업이 고도화된 로봇과 인공지능 기술을 활용하여 기존 노동력을 대체하는 시도를 하고 있으며, 이런 흐름을 볼 때 경제 환경과 노동 시장 구조는 조만간 완전히 바뀔 것 같다. 기업은 더 많은 분야에서 자동화와 지능화를 가속화할 것이고, 이는 필연적으로 기존 직업을 사라지게 할 것이다. 그리고 양자컴퓨팅이 만들어 내는 변화는 너무나 큰 나머지 앞으로 어떻게 될지 예측도 가지 않지만, 이 또한 누군가의 일자리를 뺏거나 대체할 것이 분명해 보인다.

이미, 생성형 AI로 인해 코딩 보조 기능이 획기적으로 발전하면서, 인기 직종이었던 IT 개발 인력의 구조조정이 시작되었다는 소식이 들려온다. 리포팅과 그래픽 디자인 등 콘텐츠 제작 업무도 AI 툴로 점차 대체되고 있으며, 기업의 콜센터 인력도 인공지능으로 대체되는 속도가 점점 더 빨라지고 있다.

이러한 흐름에서 개인이 생존할 수 있는 가장 현실적인 전략은 무엇일까? 나는 해당 기술에 적극적으로 "투자"하는 것이라고 생각한다. 여기서 투자는 크게 두 가지로 나누어 볼 수 있다. 첫 번째는 기술을 습득하고 업무에 활용하는 능력을 키워서 나의 생산성을 높이는 '교육적 투자'이며, 두 번째는 빠르게 성장하는 기술 기업의 지분을 주주로서 확보하는 '자본적 투자'다. 예를 들어, 휴머노이드가 확산하여 개인의 일자리가 위협받거나 급여가 줄어들 위험이 커진다면, 반대쪽에서는 휴머노이드 제조 기업의 주주가 됨으로써 급여 손실 위험을 상쇄하는 투자 수익을 거두는 역설적 해법도 가능해진다.

향후 기술 혁신의 물결은 멈추지 않을 것이며, 우리는 선제적 학습과 투자를 통해 능동적으로 대응해야 한다. 특히 인공지능·휴머노이드·양자컴퓨팅은 다가오는 미래의 필수 핵심 기술인 만큼 개인의 생존과 번영을 원한다면, 이 기술들을 이해하고 이와 관련된 투자 기회를 적극 활용할 필요가 있다. 다만 잊지 말아야 할 점은 장기 투자를 전제로 해야 한다는 점이다. 앞에서도 살펴봤듯이 엔비디아가 불과 10년 전만 해도 지금의 엔비디아가 아니었고, 당시에는 거품 논란이 있을 정도였다.

1장을 시작하며 언급한 20세기 성장주 투자의 아버지 필립 피셔는 "나는 훌륭한 기업을 찾아 장기간 보유하는 것을 선호한다"라고 했다. 그는 20세기 중반 정보통신 기술의 발전을 보고 기술력을 가진 훌륭한 기업에 장기 투자하는 것으로 역사의 한 장을 썼다. 현시점에서는 인공지능·휴머노이드·양자컴퓨팅 기술을 가진 기업들이 새로운 장기 투자의 기회를 줄 것이다. 투자자라면 당시 피셔가 했던 말을 다시 한번 되새

겨 볼 필요가 있다.

그럼 다음 장부터 앞으로 세상을 바꿀 3대 첨단기술인 인
공지능·휴머노이드·양자컴퓨팅에 대해 본격적으로 살펴보도
록 하자. 이들 기술의 현재와 미래는 어떨 것이며, 어떤 기업
이 치열한 경쟁을 벌이고 있는지 알아보는 것은 장기 투자의
확신을 갖는데 큰 도움을 줄 것이다.

1부

3대 기술과 산업 이해

2장.

인공지능:
능동화를 넘어 자율화로,
한계를 허무는 힘!

"인공지능 기술 자체에 대한 섹션과 부스는 줄어들었지만, 인공지능 기술이 적용되지 않은 제품이나 서비스는 찾아볼 수 없었어요. 이제 인공지능을 활용한다는 것 자체는 더 이상 특별한 이슈가 아닌 것 같아요."

CES 2025의 참가자들 대다수는 인공지능의 존재와 활용이 너무나도 당연한 것이 되었다고 말한다. 인공지능 자체가 화두였던 지난 CES 행사와는 사뭇 달라진 분위기로 실제 맞춤형 비서, 건강관리자, 쇼핑 도우미 등 생활의 일부를 담당하는 인공지능이 여러 부스에서 시연되었다.

인공지능은 우리 생활 속에서 이미 다양한 형태로 활용되고 있다. 생성형 AI를 사용해 정보 검색이나 쇼핑을 하고 있으며, 수많은 애플리케이션은 인공지능을 탑재하고서 사용자에게 서비스를 제공하고 있다. 비즈니스 분야에서도 마찬가지로 이미 생산성 향상과 업무 효율화를 위한 필수 도구가 되었다. 인공지능은 앞으로 어떤 형태로 발전해 나갈까? 하나씩 살펴보자.

1.
인공지능 기술의 역사와 진화 과정

인공지능이란 용어는 1956년 개최된 다트머스 여름 연구 프로젝트(Dartmouth Summer Research Project on Artificial Intelligence) 회의에서 처음 사용되었다. 인공지능의 선구자라 할 수 있는 존 매카시(John McCarthy), 마빈 민스키(Marvin Minsky), 너새니얼 로체스터(Nathaniel Rochester), 클로드 섀넌(Claude Shannon)이 제안하고 조직했다.

두 달간 지속한 회의에서 기계가 언어를 사용하고, 사람처럼 스스로 생각하며, 논리적 판단을 통해 문제를 해결하는 것에 대한 논의가 이루어졌다. 그리고 생물의 신경을 모방한 인공신경망 개념도 정립되었다. 회의 참가자들은 인공지능이 앞으로 빠르게 발전하리라 낙관했다.

하지만 인공지능은 과학자들의 기대만큼 빠르게 성장하지 못했다. 다양한 시도와 노력에도 불구하고 낮은 컴퓨터 성능과 데이터 확보의 어려움, 알고리즘의 유연성 부족 등의 이유로 연구는 실망스런 성과만 냈다. 1970년대부터 2000년까지 장기간의 침체 기간을 두고 연구자들은 'AI 겨울'(AI winter)이라 불렀다. 인공지능 연구와 산업 역사에서 기대가 지나치게 높았다가 실망으로 인해 투자와 관심이 급격히 식은 시기를 말한다.

이후 2000년대 들어 분위기는 확 바뀌었다. 컴퓨팅 성능의 향상과 GPU의 발전으로 인공신경망이 고도화됨에 따라 인공지능의 성능도 급격히 개선되었다. 그러면서 괄목할 만한 성과들이 나타나기 시작했다.

IBM이 만든 인공지능 왓슨은 의료영상, 논문, 환자기록 등 방대한 비정형 데이터를 학습해 의료진의 진단을 보조하는 데 성공하면서 인공지능의 활용 영역을 의료 분야로 넓혔다. 췌장암 진단에 활용되면서는 94%의 일치율을 보이기도 했다(2014년 미국종양학회(ASCO) 발표 자료). 2016년에는 딥마인드의 인공지능 바둑 프로그램 알파고가 인간 최고수인 이세돌 9단을 상대로 80%의 승률을 기록하기도 했다. 이 이벤트는 인공지능이 인간의 창의적 사고를 넘어설 수 있음을 보여준

상징적 사건으로 평가받았다.

이후 인공지능은 의료와 게임을 넘어 다양한 영역으로 확산했다. 2017년 페이스북이 개발한 번역 시스템은 인간 번역가에 근접한 정확도를 보이며 언어 인식 기술의 진보를 입증했고, 같은 시기 구글의 이미지 인식 모델 Inception-v4는 이미지넷(ImageNet) 대회에서 인간의 시각 인식 정확도를 넘어섰다. 또 2018년에는 구글의 음성 AI 듀플렉스(Duplex)가 실제 사람과 전화 통화를 하며 미용실 예약을 성공적으로 수행해 자연어 처리(NLP) 기술의 실용화 가능성을 보여주었다. 자율 주행 분야에서도 테슬라, 웨이모, 바이두 등이 AI를 기반으로 한 주행 보조 및 완전 자율 주행 시스템을 상용화 단계로까지 끌어올렸다. 이런 발전에 힘입어 2010년대에는 분류 및 최적화를 통해 상황을 해석하고 문제를 해결하거나 언어 및 시각 자료를 구분하는 특정 작업에 특화된 "인지(분류)형(Perceptual) AI"가 보편화되었다.

인지(분류)형 AI는 주로 특정 비즈니스나 산업 현장에서 프로세스를 개선해 생산 비용을 절감하거나 품질을 향상시키는 등의 용도로 많이 활용되었다. 그러다 2010년대 후반부터는 일반 소비자를 대상으로 하는 분야(챗봇, 음성 및 사진 인식, 맞춤형 정보 제공, 사기 탐지 등)에서도 사용되기 시작했다. 다만 충분히 사전 학습된 특정 분야의 문제 해결을 위한 분류나 최적화를 수행하는데 특화된 만큼, 이용 범위는 제한적이었다. 그나마도 제대로 이용하기 위해서는 사전에 짜 놓은 규칙을 숙지한 다음, 요청 사항을 투입해야만 했으며, 경우에 따라서는 파이썬 같은 프로그래밍 언어를 사용해야 할 때도 있었다. 지금처럼 AI와 일상어로 묻고 답하는 식의 커뮤니케이션은 사실상 불가능했다.

그런데 2022년 후반 챗GPT라는 생성형 AI 챗봇 서비스가 출시되면서 상황이 달라졌다. 하나의 챗봇에서 글쓰기나 코딩 혹은 장문 요약 등 다양한 분야의 일 처리가 가능하고(물론 응답의 정확성 문제는 여전히 존재함), 마치 대화하듯 자연어를 통한 커뮤니케이션이 가능해진 것이었다. 바로 거대언어모델(LLM_Large Language Model)을 바탕으로 한 "생성형 AI"였다.

LLM 기반의 생성형 AI 모델은 우리가 대화할 때 쓰는 자연어로 구성된 프롬프트 입력만으로 AI를 이용할 수 있다는 점에서 폭발적인 인기를 얻었고 빠르게 대중화되었다. 실제로 챗GPT는 출시 후 3년도 채 되지 않은 2025년 7월에 주간 사용자 수가 전 세계 인구의 10%인 8억 명을 넘겼으며 월 방문 수는 57.2억 건에 달하였다. 그리고 이런 챗GPT의 성공 직후 제미나이(Gemini), 클로드(Claude), 그록(Grok), 딥시크(DeepSeek) 등 LLM 기반으로 작동하는 생성형 AI 챗봇 서비스가 다수 출시되었다.

이후 미드저니(Midjourney), 소라(Sora), 런웨이(Runway), 비오(Veo)3처럼 이미지나 동영상 등 다양한 창의적 콘텐츠를 생성하는 멀티모달(multimodal) 생성형 AI도 나왔다. 사용자가 프롬프트만 투입하면, 기존 전문가들이 며칠씩 작업해야 하는 양질의 성과물을 바로 제공하다 보니, 비즈니스 활동에서 비용 절감과 생산성 향상에 큰 기여를 하기 시작했다.

2025년 현재, AI는 또 다른 진화를 시작했다. 엔비디아의 CEO 젠슨 황은 향후 인공지능의 진화 모델로 다른 시스템과 상호작용하며 능동적으로 임무를 수행하는 "에이전틱 AI"와 기계장치를 통해 물리적 환경에서 활약하는 "피지컬 AI"를 제시했다.

에이전틱 AI는 입력된 프롬프트에 따라 가장 확률이 높은 응답을 생성하는 것에 그치는 생성형 AI와 달리, 다른 시스템 혹은 AI와 상호 작용하면서 목표 달성에 필요한 능동적이고 자율적인 임무를 수행하는 인공지능 알고리즘이다. 예를 들어 이용자가 '이탈리아 여행'을 문의하면 관련 정보를 단순 제공하는 수준을 넘어, 알아서 일정과 견적을 확인해서 수정하고 항공편이나 숙박시설까지 대신 예약하는 업무 처리가 가능하다.

피지컬 AI는 다양한 물리적 기계와 결합하여 현실 세계에서 직접 임무를 수행하는 인공지능을 의미한다. 예를 들어 피지컬 AI를 탑재한 로봇이 사업장에서 임무를 수행한다든지, 자율주행차가 목적지로 이동하는 경우, 장애물을 인식하고 피하거나 예상치 못한 변수가 발생 시 스스로 판단하고 대응하여 목표를 달성하게 된다. 달리 표현하면 현실 세계의 에이전틱 AI라고 볼 수 있다.

향후 이 둘은 디지털과 물리 세계의 경계를 허무는 방향으로 진화할 것으로 보인다. 에이전틱 AI는 인간의 지시 없이도 스스로 판단하고 협업하며, 목표 달성을 위해 다른 AI나 시스템을 조율하는 '자율적 의사결정 주체'로 발전할 것이고, 피지컬 AI는 이를 현실 공간에서 구현하는 실행체로서 작동할 것이다. 결국 '스스로 사고하고, 움직이고, 개선하는 인공지능 생태계'를 만들어 인간의 노동과 판단을 근본적으로 재편할 것이다.

지금까지 얘기했던, AI의 발전(진화 과정)을 단계별로 살펴보면, 아래처럼 정리해볼 수 있다. 아래 내용만 잘 기억하고 있어도 뉴스나 각종 매체에서 말하는 인공지능에 대한 이해와 발전 트렌드를 잘 파악할 수 있다.

- **인지(분류)형 AI(Perceptional AI)**: 특정 영역의 데이터를 해석하고 분석하여 패턴을 인식하고 분류함. 머신러닝 기법을 통해 학습하며, 입력된 데이터를 기반으로 예측하거나

분류하는 작업을 수행함.

  - 이미지 분류: 의료 영상에서 암세포 식별

  - 음성 인식: 음성 데이터를 텍스트로 변환

  - 스팸 필터링: 이메일을 스팸과 정상으로 분류

  - 서비스 예시: 왓슨(Watson), 알파고(AlphaGo)

• **생성형 AI(Generative AI):** 방대한 데이터를 학습해 새로운 텍스트, 음악, 이미지 등을 생성함. 입력된 프롬프트에 따라 가장 확률이 높은 응답이나 콘텐츠를 만들어냄.

  - 텍스트 생성: 질문에 대한 다양한 답변 제공(챗봇)

  - 콘텐츠 생성: 이미지, 동영상, 음악 등

  - 서비스 예시: 챗GPT, 달리(DALL·E), 소라(SORA)

• **에이전틱 AI(Agentic AI):** 설정된 목표를 달성하기 위해 자율적으로 의사결정을 내리고 작업을 계획·실행함. 다른 시스템 및 AI와 상호작용하며, 복잡한 문제를 해결하고 최종 미션을 능동적으로 수행함.

  - 개인 비서: 일정 관리, 알람 설정, IoT 자율 제어

  - 업무 관리: 요청 분석 및 후속 조치 자동화

  - 의료 관리: 의료 기록 분석 및 응급 처치 시행

  - 서비스 예시: 오토GPT, 에이전트포스(AgentForce)

• **피지컬 AI(Physical AI):** 하드웨어와 결합하여 현실 세계에서 물리적 작업을 수행함. 로봇이나 기계에 AI를 적용해

주변 환경과 상호작용하고 작업을 실행함.

　　－ 자율주행차·드론: 목표 지점까지의 이동을 위해 현실
　　　상황을 스스로 분석·판단해 운행
　　－ 휴머노이드: 다양한 업무·목표 수행 중 발생 변수나
　　　장애를 스스로 판단하고 해결
　　－ 서비스 예시: 오토파일럿(AutoPilot)

지금까지 인공지능의 발전 단계에 대해서 살펴보았다. 현재 인지(분류)형 AI와 생성형 AI에 대해서는 독자들도 이미 충분히 생활 속에서 겪거나 사용하고 있는 만큼 잘 알고 있을 것이다. 다음 글부터는 조만간 엄청난 발전이 기대되는 에이전틱 AI를 중심으로 살펴보고자 한다(피지컬 AI에 대해서는 휴머노이드를 설명할 때 좀 더 자세히 다루겠다).

2.
차세대 인공지능, 에이전틱 AI의 등장

인공지능은 현재 텍스트나 이미지를 생성해 주는 생성형 AI를 넘어, 목표 달성을 위해 능동적으로 움직이고 다른 시스템과 상호 작용하는 에이전틱 AI의 형태로 진화 중이다.

에이전틱 AI는 기존 AI와 어떤 차별성과 특징을 가질까?

인지(분류)형 AI나 생성형 AI와 차별화되는 에이전틱 AI의 기능적 특징은 크게 네 가지로 나눠볼 수 있다.

1)첫 번째 특징은 '목표지향적 능동성과 제한된 자율성'으

로 사용자가 제시한 최종 목표 수행을 위해 '계획 〉실행 〉피드백'을 반복하며 능동적으로 업무를 수행하는 것을 말한다. 예를 들어, 특정 주제에 의한 리포트를 요청하면 에이전틱 AI는 목표 설정 후 중간 결과물을 도출하고, 이에 대한 피드백을 주게 되면, 이를 반영하는 작업을 반복하며 목표에 도달한다. 요청에 대해 생성된 응답만을 출력한 후 종료되는 생성형 AI에 비해 생산성과 편의성이 훨씬 높다.

2)두 번째 특징은 '상황 해석 능력'으로 추론을 통해 질문자의 숨은 혹은 추가적인 의도를 파악하고, 더욱 적절한 대안을 제시하는 것이다. 사용자가 고양이 사료의 종류와 가격을 물어보면, 에이전틱 AI는 추론과 역질문을 통해 질문의 의도(키우는 고양이에게 먹일 건지, 고양이가 있는 친구에게 선물할 건지)를 파악하고, 이를 바탕으로 사료의 가성비, 브랜드, 건강 기능 중 어디에 중점을 둔 제품이 적절한지를 도출해 제안한다.

3)세 번째 특징은 '다른 도구들과의 네트워크 연결을 통한 정보 수집·협업 능력'으로 다양한 기기 혹은 다른 AI들과 데이터 및 정보들을 주고받으며 실시간으로 판단하고 협업하여 대안을 제시하는 것을 말한다.

영국의 헬스케어 업체 미케어(MiiCare)의 에이전틱 AI 모니카(Monica)는 체온, 산소포화도, 심박수 등 생체 리듬을 체크하는 웨어러블 기기들로부터 다양한 정보를 취합하고 분석하여 맞춤형 조언을 제시한다. 평소보다 맥박이 빠르다는 정보를 취합한 모니카는 기존의 수면 및 카페인 섭취 기록과 날씨 예측 자료 등을 종합적으로 분석하여 불면증 위험을 경고하고, 커피의 대안으로 허브티를 제시한다.

이러한 에이전틱 AI의 특징은 다양한 도구 혹은 데이터 소스들과의 연결을 전제로 한다. 만약 위 사례처럼 특정 분야(헬스케어 같은)가 아닌, 다양한 분야의 요청을 수용하는 범용 에이전틱 AI라면 훨씬 복잡하고 다양한 연결성이 요구된다. 참고로 2025년부터 챗GPT와 클로드는 사전에 지정된 다른 도구 및 시스템에 연결하여 정보를 교환하고 리서치 등 업무를 처리하는 커넥터 모드를 공개했다. 2025년 7월 챗GPT가 출시한 에이전트 모드(Agent mode)에서는 목적 수행을 위해 웹 기반의 다양한 도구들과 제한적 연결이 가능하다.

4)네 번째 특징은 '나를 대신해 협상하고 의사결정 하는 대행 능력'으로 우리 주변의 사소하지만 피곤한 선택을 AI가 대신하는 것이다. 만약 사용자가 '주말까지 해리포터 책 3권을 가장 싸게 구하는' 목표를 주면, 에이전틱 AI는 판매처별로 재고와 가격을 검색하는 동시에 배송 시간 등도 같이 비교해 주말까지 도착 가능한 가장 저렴한 조합을 찾아내고 결제까지 마무리한다.

지금까지 설명한 네 가지 특징 모두를 갖춘 에이전틱 AI가 있다면 우리의 삶은 얼마나 편해질까? 하지만 아직까지는 첫 번째 특성을 기반으로 두 번째와 세 번째 특징을 고도화해 나가는 단계 정도까지 와 있다. 앞의 첫 번째 특징은 2023년 공개된 오토GPT를 통해 이미 확인되었으며, 2025년부터는 챗GPT, 제미나이, 그록 등 대화형 챗봇기반 AI 서비스에서 유료 사용자들에게 제공하는 심층 리서치 및 에이전트 기능을 통해 두 번째와 세 번째 특징을 차츰 더해 가고 있다. 일각에서는 이를 "AI 어시스턴트"라고 표현하기도 한다.

2025년 현재 AI 어시스턴트는 사용자의 명확한 요청에 따라 한정된 업무(정보 검색 및 요약·분석, 일정 관리, 메일 작성 등)를 주로 수행하되, 능동성과 자율성을 일부 가미하고 있다. 이를 서비스하는 업체들은 이미 B2B 사업에서 수익을 내고 있으며, 챗GPT나 제미나이처럼 B2C 사업에서도 서비스 고도화와 유료화 정책으로 수익성을 확보해나가려는 중이다.

기업 생산성 향상 도구로 활용가치가 높은 에이전틱 AI

에이전틱 AI가 업무 환경을 빠르게 변화시키고 있는 만큼 과거 IT 혁명과 같은 또 한 번의 생산성 혁신이 조만간 일어날 수 있을 것 같다. 이미 발 빠른 기업들은 에이전틱 AI를 구현하고 업무에 활용하는 시도를 조금씩 시작하고 있다.

가장 먼저, 생성형 AI의 등장 이후 사무직원 및 영업직원의 업무 보조 도구로 활용하는 기업들이 증가하고 있다. 초창기에는 AI 챗봇이 간단한 메일 작성이나 코딩 보조 등 제한적 업무를 지원하는 수준이었지만, 최근에는 미팅 및 고객 통화 내용 요약, 수신된 이메일 분석 및 답변 제안, 일정 조율 등 실질적인 개인 비서 역할을 수행하는 에이전틱 AI의 개발과 도입까지 이뤄지고 있다.

2024년 6월 모건스탠리는 오픈AI(OpenAI)와의 제휴를 통해 고객 재무상담사들의 업무 지원을 위한 에이전틱 AI 도구 디브리프(Debrief)를 출시했다. 디브리프는 재무상담사의 회의나 미팅 내용을 자동으로 '녹음 〉 기록 〉 요약'하고, 고객과 통화한 내용에 맞는 상품 정보를 찾아 이메일로 자동 전송하거나, 고객에게 보낼 이메일 초안을 작성해 준다. 회사는 이로 인해 주당 10~15시간의 업무 시간 절약 효과를 보았다고 밝혔다.

기업 내 시스템과 데이터의 통합·관리는 현재 에이전틱 AI의 핵심 수익 모델로 자리 잡고 있다. 서비스 업체들은 '제품 설계 〉 생산 〉 재고 〉 판매 〉 마케팅 및 거래처 관리' 등 단계별로 각각 운영 중인 시스템과 데이터를 통합하고 관리하는 AI 플랫폼(에이전틱 AI가 탑재된)을 고객사에게 제공하고 호평을

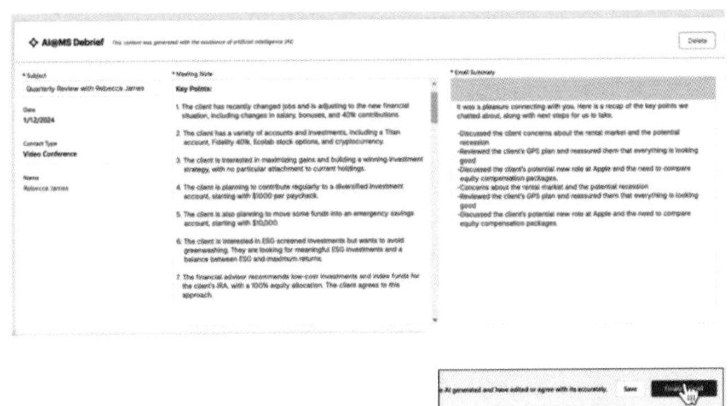

모건스탠리의 '디브리프' 화면 (모건스탠리, KB경영연구소 자료)

얻는 중이다. 예를 들어, 상당수의 제조 업체들은 재고 및 구매 관리, 제품 제조 관리, 공급망 관리 각 단계마다 각기 다른 소프트웨어를 사용하는데, 이로 인해 단계별로 데이터의 분류나 기호 체계 등이 제각각이었다. 하지만 AI 플랫폼을 활용하면서부터는 데이터를 추출하고 통합(정규화)하는 것은 물론이고, 이를 바탕으로 업무 자체를 자동화할 수 있게 되었다. 재고 감소 징후를 데이터로 포착하면 바로 제조 공장 가동률을 높이거나 가속화하여 생산량을 늘리는 식이다.

이 분야의 선두 기업은 팔란티어(Palantir)다. 팔란티어의 소프트웨어인 AIP(AI Platform)는 기업 내에서 각자 활용 중인 시스템 데이터를 한곳으로 모아 통합 관리하고, 이를 활용해 AI

로 다양한 업무를 자동화해 운영 효율화를 지원한다. 항공업체 유나이티드 에어라인(United Airlines)은 2024년 하반기부터 AIP를 통해 정비 기록 정보와 기내 신호 데이터들을 통합 관리함으로써 여러 문제를 사전에 파악하여 수백 건의 비행 지연 및 취소 사태를 방지했다. IT 하드웨어 기업 후지쯔(Fujitsu)도 AIP로 지역별 재고 관련 데이터를 통합하고 실시간으로 시각화하여 관리 비용을 효율적으로 절감할 수 있게 되었다.

팔란티어는 불량률, 납기 준수율, 생산효율 등을 최적화할 수 있도록 '설계 〉 제조 〉 공급 〉 재고 관리' 전 과정을 실시간으로 피드백하고 조절할 수 있는 AI 서비스 워프스피드(WarpSpeed)도 2024년 말 출시했다. 워프스피드는 공정별 시뮬레이션을 통해 사고 가능성을 사전에 점검하고, 사고나 변수 발생시 대안을 도출하는 기능이 탑재되어 있다.

고객의 직접적 응대 및 업무 처리에 있어서도 에이전틱 AI의 역할이 확대되고 있다. 상대 의중과 니즈를 정확히 파악하기 위해 질문을 하기도 하고, 다른 에이전틱 AI 및 기기들과 상호 연결해 업무를 직접 처리하는 등의 일을 한다.

세일즈포스는 2024년 AI를 기반으로 코딩 없이 고객 응대 및 전화 요약, 영업 기회 포착 등의 기능을 제공하는 에이전트포스(Agentforce)라는 서비스를 출시했다. 세일즈포스의 발표에 따르면 2025년 초, 서비스 이용에 대한 성과를 분석했더니

총 38만 건의 문의·상담 중 84%의 문제가 해결된 것으로 확인되었다. 식당 예약 플랫폼 운영 업체 오픈테이블(OpenTable)은 에이전트포스 도입 후 3주 만에 고객 문의의 73%를 인간 직원의 개입 없이 직접 처리하였다고 발표했다.

이외에도 AI 서비스 기업 시에라(Sierra)의 경우 2025년 7월 피델리티와의 인터뷰에서 자사의 챗봇 기반 AI 상담사가 인간의 개입 없이 고객 문의 사항의 70~90%를 직접 해결해 냈다고 밝혔다.

에이전틱 AI의 활용도가 급증할 것으로 보는 또 다른 분야는 마케팅 전략 분야이다. 맥킨지(McKinsey), 보스턴컨설팅그룹(BCG), 프라이스워터하우스쿠퍼스(PwC) 같은 전략 컨설팅 기업들의 컨설팅 비용은 경우에 따라 수억 원에서 많게는 수십억 원에 달한다. 그런데 규모가 큰 컨설팅 프로젝트는 '자료 수집 〉 분석 〉 전략 제시'에 수개월씩 시간이 소요되기 때문에 시장 환경이 빠르게 변화하는 것을 반영하지 못해 적시성이 떨어질 수 있다.

하지만 에이전틱 AI를 이용하면 거의 실시간에 가깝게 데이터 흐름(customer behavior, 온라인 반응, 캠페인 성과 등)을 추적하고 분석하여 시간과 비용적 한계를 보완할 수 있다. 미국 최대 무선통신 업체 버라이즌(Verizon)은 고객 분석용 에이전틱 AI를 통해 고객을 특성별로 분류하고 타겟 고객을 추려낸 다음,

캠페인 결과를 실시간으로 피드백 받았다. 그 결과 이전에 비해 마케팅 캠페인 오류율은 41% 감소하였고, 고객 전환율은 19% 상승했으며, 고객 이탈 예측 정확도는 94%로 높아졌다고 발표했다.

최근에는 전략 컨설팅업체들도 실시간 데이터 분석과 시장 조사에 AI를 적극 활용하여 컨설팅 서비스의 효용성을 높이고 있다. PwC는 글로벌 금융 기관들과 함께 AI 기반의 가상 어시스턴트를 구축해 고객 상담 업무를 자동화하고, 고객의 문의 패턴을 실시간으로 분석해 새로운 수요를 포착할 수 있도록 했다. BCG 역시 소비재 기업의 디지털 전환 프로젝트를 수행하면서, 복잡하게 분산돼 있던 고객 데이터를 통합하고 분석 체계를 정비하는 일을 지원했다. 이 과정에서 기업은 마케팅 효율성과 고객 이해도를 동시에 높이며, 제품 개발과 시장 대응 속도를 단축할 수 있게 되었다.

에이전틱 AI는 현재 전 산업으로 빠르게 확산 중이며 비즈니스 프로세스의 효율화와 속도를 높이는 방향으로 진화 중이다. 이는 AI 클라우드 플랫폼 운용업체, AI 모델 개발업체, 이를 바탕으로 고객에게 맞춤 서비스를 제공하는 소프트웨어 서비스업체의 성장까지도 가속화하고 있다.

3.
에이전틱 AI가 바꾸는 미래

다만 사업 현장과 달리 개인 간의 일상에서는 아직 에이전틱 AI가 수익성을 제대로 확보하지 못하고 있다. 개인이 비싼 구독료를 부담하면서까지 일상에서 이용하고자 하는 니즈는 아직 적기 때문이다. 하지만 구독료가 충분히 하락하고, 맞춤 서비스가 다양해지면 언젠가는 개인 소비자 시장도 활짝 열릴 것으로 예상된다.

향후 고도화된 에이전틱 AI는 일상에서 어떤 모습으로 우리와 만날까? 현실 속에 아직 존재하는 것은 아니지만, SF 장르의 영화를 통해 상상해 보면, 에이전틱 AI는 일단 나에게 가장 이익이 되는 의사결정을 조언하는 능력을 갖고 있다. 그리고 이를 위해 스스로 방법을 찾아 자율적으로 행동한다. 여기에 나를 정서적 측면에서 이해하고 공감할 수 있는 능력까지 겸비한다면? 더 바랄 것이 없을지도 모른다. 그렇다면, 이 정도 인공지능을 이용하고자 한다면 구독료가 얼마 정도면 적당할까?

영화 《그녀》(Her, 2013)의 한 장면을 살펴보자. 주인공 테오도르가 이용하는 인공지능 사만다는 놀이동산의 피자 가게로 테오도르를 안내한다. 사만다는 가게 앞에 선 그에게 치즈 피자를 주문하게 한 다음 이렇게 말한다. "지금 당신이 배고파 보여서 그랬어요." 사만다는 평소 테오도르의 식성과 카메라로 취합된 현재 상태를 종합하여 어떤 피자를 주문하면 좋을지를 알려줬다.

현실에서 사만다가 출연할 가능성은 얼마나 될까? 영화가 나온 지 10년째인 2023년, 글로벌 IT 컨설팅업체 가트너는 2027년까지 선진국 인구의 50%가 AI 비서를 사용하고, AI는 사람의 개입이 없는 의사결정과 시장에서의 거래를 수행하도록 진화할 것으로 전망했다. 그러면서 영화 속 사만다의 행위를 두고 "기계 고객"(Machine Customers)이란 개념을 제안했다. 기계 고객의 본질은 단순히 자동화된 구매를 넘어서, 궁극적으로 사용자의 행동과 맥락을 실시간으로 분석하고 스스로 최적의 구매 결정을 내리는 자율성에 있다.

기계 고객의 핵심 기술은 사물인터넷과 인공지능이다. 즉 냉장고, 스마트 스피커, 커넥티드 자동차, 감시 카메라, 스마트 워치 등 다양한 기계들이 사물인터넷을 통해 인공지능에 연결되고, 인공지능은 사용자의 취향과 현재 상황을 감안하여 구매 후보 상품 간 특성, 가격을 종합하여 최종 결정을 한다.

사실 기계 고객은 이미 지금도 제한적으로 활용되고 있다. 아마존은 제조 업체와 제휴하여 세탁기 세제나 청소기 필터 등 소모품이 소진될 때쯤 사물인터넷을 통해 이를 인식하고 자동으로 주문을 넣게 하는 서비스(DRS_Dash Replenishment Service)를 도입해 운영 중이다. 이 서비스는 알렉사(Alexa)와 통합되어 운영된다. (알렉사는 아마존에서 개발한 음성 기반 인공지능 비서로 스마트 스피커 형태로 제공된다.) 다만 주문 제품은 사전에 인간이 지정한 상태에서 구매 프로세스만 자동화하는 형태이다.

에이전틱 AI가 진화하면 좀 더 느슨한 사전 규칙의 범위 내에서 조정 능력을 갖춘 적응형 기계 고객이 등장할 것이다. 세제를 구매하더라도 빨래의 종류나 상태, 가격 등을 종합해 가장 가성비가 좋은 세제를 찾아낸 다음, 사용자에게 최종 보고한 후 OK 사인이 떨어지면 집행하는 형태다. 그런데 여기서, 좀 더 상상을 해보자. 매번 나에게 AI가 세제를 골라둔 다음 살지 말지를 물어본다면 어떨까? '사소한 건 알아서 좀 하지'라는 생각을 할 수도 있다. 결국 최종 형태는 인간의 개입이 최소화된 가운데 그간 학습과 경험을 기반으로 알아서 판단하고 구매하는 자율형 기계 고객이 될 것이다. 물론 이는 기계(AI)와 사람 간 사전 신뢰가 형성될 때 가능하다.

가트너는 기계 고객의 진화 과정을 아래와 같이 구분하였다. 이는 책 『When Machines Become Customers』에 기반을 두고 있다.

- 1단계: 제한된 고객(Bound Customers): 이 단계에서는 기계가 인간의 지시에 따라 제한된 범위 내에서 특정 작업을 수행한다. 예시로는 HP의 인스턴트 잉크(Instant Ink) 서비스, 아마존의 DRS 등이 있다.
- 2단계: 적응형 고객(Adaptable Customers): 이 단계에서는 AI 기술이 인간의 최소한 개입으로 선택하고 행동할 수 있는 능력을 가진다. 예시로는 로보트레이딩, 스테이플스의 이지 시스템, 재정 관리 로보 어드바이저인 베터먼트

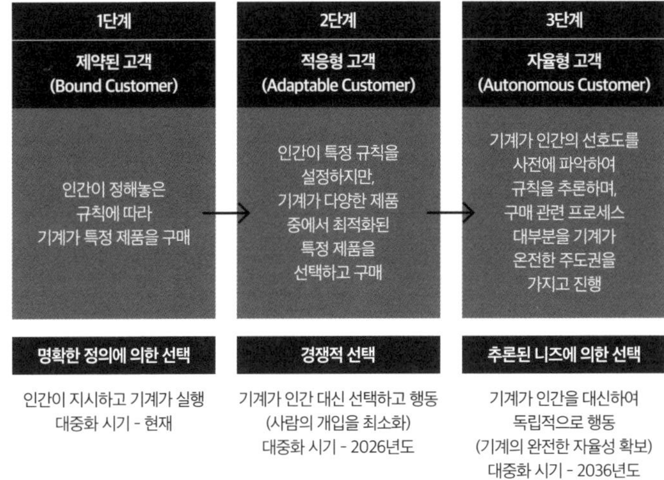

기계 고객의 3단계 진화 과정 (가트너, KB경영연구소 자료)

(Betterment), 웰스프론트(Wealthfront) 등이 있다.

- 3단계: 자율적 고객(Autonomous Customers): 이 단계에서는 기계 고객이 인간의 개입 없이 독립적으로 행동할 수 있는 충분한 지능을 갖추게 된다.

정리해보면, 에이전틱 AI의 진화는 기존의 잡다한 업무 부담을 줄이고 시간적 여유를 가지거나 좀 더 생산적인 업무에 매진하도록 돕는다.

가트너는 2028년까지 일상 업무 중 15% 이상을 에이전틱

AI가 자율적으로 수행하게 될 것으로 전망했다. 즉 하루 중 사람이 업무 등을 처리하는 시간이 총 10시간이라면, 앞으로 1.5시간 이상을 에이전틱 AI가 절약해 주어, 그만큼 여유를 더 확보할 수 있게 되는 셈이다. 우리는 앞으로 이 시간을 어떻게 활용하면 좋을지 고민해야 할지도 모른다.

에이전틱AI의 미래 모습(2) _ AI 커뮤니케이터

디즈니 애니메이션《미녀와 야수》(1991)에는 외출을 한 벨의 아버지가 비를 피해 야수의 성 안으로 들어오는 장면이 나온다. 촛대 집사 르미에는 비에 젖은 그를 보고는 빗자루 하인을 시켜 난로에 불을 피우고, 옷장 하인에게 담요를 꺼내주도록 한 다음, 주전자인 코츠 부인한테는 따뜻한 차를 끓여 내어 올 것을 요청했다. 각자는 르미에의 지시 범위 내에서 해야 할 일을 자율적으로 수행했다.

현재 에이전틱 AI는 다른 도구 및 시스템들과 연결되어 모든 작업을 직접 처리하는 형태가 일반적이지만, 앞으로는 서로 역할이 다른 다수의 AI가 협업하는 형태로 점차 변화할 것이다. 마치 앞서 예로 든《미녀와 야수》의 한 장면처럼 말이다. 예를 들어, 사내에서 이메일 내용을 분석해 회의 일정을

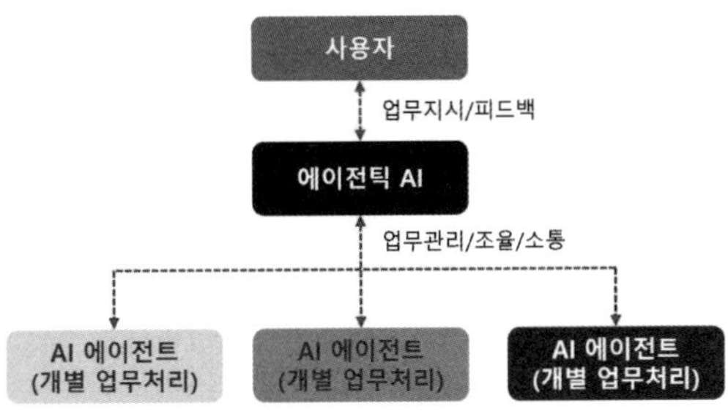

에이전틱 AI와 AI 에이전트의 관계 및 역할
일각에서는 이러한 업무 관계 및 구조 전반을 통칭하여
에이전틱 AI라고 정의하기도 한다.

정하는 비서 AI는 스케줄 정보를 다른 AI에게 전송한다. 시설을 관리하는 총무 AI는 스케줄 정보를 수령한 후 가장 적합한 회의실을 선정해 예약을 마치고, 다시 비서 AI에게 결과를 통보한다. 리서치 AI는 스케줄에서 언급한 미팅의 목적에 부합하는 사내 데이터를 DB에서 추출해 자료를 생성한 다음 참석자들에게 전달한다.

이런 분업과 협업 체계하에서 AI(에이전트)는 각자 부여받은 특정 업무에 집중하고, 이를 통합적으로 관리하고 운영하는 AI(에이전틱)는 일종의 관리자 역할을 하며 최종적으로 인간 사용자와 소통한다. 다시 말해 에이전틱 AI는 사용자의 복합적 요청 사항을 해결하기 위해 자율적으로 계획하고, 세부 업무들을 처리하는 하위의 에이전트(다른 AI 혹은 애플리케이션 도구)들과 정보를 주고받으면서 프로세스를 조율하는 관리자 혹은 커뮤니케이션 허브가 된다. 이때 AI 에이전트는 사용자가 요청한 전체 업무 중 특정 작업을 수행하는 개별 AI 시스템을 의미한다.

스페인에서 열린 MWC2025 전시장에서 통신 네트워크 업체 노키아는 모바일 통신의 전파 신호가 약하거나 간섭 현상 때문에 데이터 전송 오류가 발생하는 문제를 풀기 위해 "AI 오케스트레이션"(AI Orchestration)이라는 개념을 제시했다. 개별 기지국의 AI 에이전트가 스스로 전파 출력을 조절하되, 지역 내 다수의 기지국을 관리하는 상위의 에이전틱 AI를 두어 인근 트래픽을 예측하고, 기지국 사이의 자원 운영을 적절하게 조절하는 방식이다. 노키아는 이를 통해 기지국 처리 용량을 3.2배 확대하거나 전력 사용량을 61%까지 감소시킬 수 있다는 연구 결과를 발표했다. 결국 하위의 AI가 각 분야에서 자율적으로 움직이되, 자원의 낭비나 업무 처리 시 발생하는 병목 현상을 에이전틱 AI가 조율, 통제, 관리하는 역할을 하는 것이다.

SI(시스템 통합) 및 관리에서도 에이전틱 AI의 역할이 기대된다. 하나의 에이전틱 AI가 인사 관리, 마케팅, 생산 관리 등 다양한 분야의 데이터를 실시간으로 분석하고 그 결과에 따라 하위 에이전트들을 능동적으로 관리하며 의사결정을 내린다면 완전한 자동화가 가능해진다. 공장장인 에이전틱 AI가 생산 현장을 관리하고, 자재부와 마케팅부의 AI 사원(에이전트)들과 자료를 공유하며 원료의 공급을 조절하거나 프로모션의 필요성을 알리는 식이다.

에이전틱 AI의 미래 모습(3) _ 실공간으로 활동 영역 확대

아무래도 에이전틱 AI는 활동 무대가 거의 온라인상에 국한되어 있다. 하지만 우리 일상은 온라인보다 오프라인의 비중이 훨씬 높다. 만약 에이전틱 AI가 오프라인상의 공간에 적용된다면, 우리 생활은 얼마나 편리해질까? 에이전틱 AI가 사물인터넷의 형태로 집안의 기기들과 연결되어 이를 제어하게 된다면, 아마 우리의 일상은 다음처럼 바뀔 것이다.

AI를 통해 상상해 보는 미래의 모습 _ 에이전틱AI가 바꾸는 2030년의 일상

- (07:00 ~ 08:00) "짱구 씨, 기상 시간입니다. 오늘은 흐리지만 저녁엔 개겠어요." 신짱구(30)는 AI집사 '부리몬'이 전날 밤 짱구의 수면 파형을 분석해 가장 덜 피곤한 순간을 계산해 주는 덕에 항상 개운한 아침을 맞는다. 동시에 스마트 블라인드가 서서히 올라가며 햇살을 비추고 있다.

- (08:00 ~ 09:00) AI 개인비서 '액션맨'이 차 안의 실내 온도와 짱구가 선호하는 재즈 음악 리스트를 이미 세팅해 놓고, 날씨·교통·동료 출근 시간표를 합산해 최적 경로 또한 잡아 놓았다. "오늘 오전 9시 회의는 온라인으로 변경되어 20분 늦게 출발해도 되겠습니다." 이어서 커피숍 드라이브 스루에 잠시 들를 테니 커피를 주문해달라는 짱구에게 "오늘 심박수가 높습니다. 최근 5일간 수면시간도 기준 미만이고, 카페인 섭취량도 금주 목표치를 20 mg 초과했습니다. 디카페인으로 전환하시는 게 어떨까요?"라고 한다. 짱구가 웃으며 OK라고 답하자 액션맨은 디카페인 라떼를 주문하고 결제까지 끝낸다.

- (09:00 ~ 17:30) 출근한 짱구의 자리 옆 27인치 모니터에는 부서의 AI 사원 '뭉치'가 대기 중이다. "어제 남겨 둔 보고서 3장, 신규 시장 데이터 넣어 업데이트해 줘"라고 짱구가 말한다. '뭉치'가 바로 데이터베이스 API를 호출, 그래프를 그려 넣고 요약문을 작성한다. 짱구가 문장을 조금 손봐서 다시 건네주자 '뭉치'가 AI 디자이너 '유미'를 통해 적절한 그림과 애니메이션 효과를 추가하며 리포트 작업을 완료한다. 한편 사무실의 AI 총무는 냉장고와 창고 안을 검색해 바닥난 간식과 비품 목록을 파악하고는 온라인 쇼핑을 통해 직원들이 좋아하는 브랜드의 제품을 직접 구매한다.

- (16:30 ~ 22:00) 저녁이 되어 퇴근한 짱구에게 아내가 저녁을 준비한다. AI 집사 '부리몬'은 오늘 저녁 식단으로 해산물 크림 파스타를 추천한다. 해 본 적 없는 음식이지만 아내가 OK를 하자 '부리몬'이 레시피와 더불어 냉장고 안에 재료의 위치들까지 순서대로 알려준다. 아내가 그대로 따라 조리를 하여 20분 안에 맛있는 파스타를 완성했다. 잠자리에 들기 전에 짱구는 '뭉치'에게 내일 아침 보고서 핵심 키워드만 전송하고 휴대폰을 내려놓는다. '부리몬'은 짱구의 심장 박동을 감지해 가장 편안한 백색소음을 골라준다. 집 안 모든 IoT 센서는 '야간 에너지 절약 모드'로 일괄 전환된다.

에이전틱 AI가 온라인 상에서 우리를 돕는 에이전트라면, 피지컬 AI는 우리의 육체 작업을 대신하거나, 운송 업무를 대행해 주는 오프라인상의 에이전트다. 피지컬 AI는 업무를 대행해 줄 수 있는 몸, 즉 기계를 필요로 하는데 현재로는 로봇이나 드론 혹은 자율주행차가 그 대상이다. 특히 인간을 닮은 로봇의 경우, 피지컬 AI의 최종 지향점이라고 볼 수 있다. 물류 창고에서 작업하는 로봇, 가정 내에서 돌봄과 청소를 병행하는 서비스 로봇 등이 상용화된다는 것은 운동 능력에 AI의 자율적 판단이 결합된 지능형 행동 주체가 완성되어야 함을 의미한다.

앞으로의 피지컬 AI는 단순히 자동화를 넘어 상황 인식, 협업, 자율성을 바탕으로 더욱 유연하고 인간 중심적인 역할로 확장될 것이다. 제조, 의료, 돌봄, 재난 대응 등 다양한 분야에서 새로운 가능성을 열어주며, 현실 세계에서 생각하고 움직이는 AI 시대의 본격적인 도래를 알리는 중요한 전환점이 될 것이다.

에이전틱 AI의 미래 모습(4) _ AGI와 ASI로의 진화

기술이 발전하면서 최근 인공지능의 응답이나 대화는 인간과 비교하면 이질감을 못 느낄 만큼 정교해졌으며 학습된 지식 레벨 또한 상당하다. 2024년 9월 과학·공학·인문학 등 57개 분야에 걸쳐 대학생 수준의 지식을 평가하는 AI 벤치마크 테스트에서 오픈AI의 최신모델 o1은 92.3%의 정확도를 기록하며 인간 평균인 89.8%를 넘어섰다. 조만간 인간의 인지능력 혹은 그 이상의 능력을 갖춘 AGI(Artificial General Intelligence_ 인공일반지능·범용인공지능, 인간이 할 수 있는 모든 지적 작업을 이해하고 학습하며 수행할 수 있는 능력을 가진 인공지능)가 등장할 것이라는 견해에 힘이 실리는 이유다.

『마침내 특이점이 온다』의 저자이자 미래학자인 레이 커즈

와일(Ray Kurzweil)은 AGI 출현 시기를 2029년으로 예측했다. 그리고 2030년대에 들어서서는 AI가 우리의 두뇌와 직접 연결되어 바로 정보를 공유하고 처리하는 뇌-클라우드 인터페이스가 사용될 것이라고도 했다. 만약 AI가 실제 두뇌 속 생각이나 감정 패턴 등의 데이터를 공유하고 학습하게 되면, AGI의 등장과 진화 시기를 더욱 앞당길 수 있을 것이다.

최근에는 AGI 이후, 인간 수준의 지능을 크게 초월하는 ASI(Artificial Superintelligence_인공초지능, 인간의 지능을 모든 면에서 뛰어넘는 가상의 AI 시스템을 의미한다)으로의 진화 가능성도 제기된다. AGI가 자율적으로 기능을 개선하는 자기 발전을 통해 스스로 ASI가 될 수 있다는 것이다. 커즈와일은 2029년에 AGI가 등장하면 2045년쯤 ASI 시대가 올 수 있다고 했다. 이에 대해서 딥마인드의 전문가들은 한술 더 떠서 AGI에서 ASI로의 진화가 불과 몇 년 만에 끝날 수도 있다고 전망했다.

많은 전문가들은 ASI의 등장을 긍정적으로 보기도 하지만 부정적으로 보기도 한다. 부정적으로 보는 견해는 AI의 통제 불가능성이 영화 매트릭스에서처럼 인간을 적대시하며 공격의 대상으로 삼을 수 있다는 우려 때문이다. ASI가 우리를 영원한 번영으로 이끌지, 예측 불가능한 혼란으로 데려갈지는 앞으로 우리가 어떻게 준비를 하느냐에 달려있다고 해도 과언이 아니다.

4.
에이전틱 AI 상용화를 위한 선결 과제

빠른 기술 발전에도 불구하고, 앞서 소개한 것처럼 우리 일상이 바뀌기 위해선 시간이 좀 더 필요해 보인다. 에이전틱 AI가 나의 집사나 대리인 역할을 하려면, 내가 그만한 자율성과 결정권을 부여해야 한다. 그러려면 신뢰가 형성되어야 하는데, 문제는 신뢰라는 게 하루아침에 만들어지지 않는다는 데 있다. 그뿐만이 아니라 기술적, 제도적으로 먼저 해결해야 할 일 또한 아직 남아있다. 하나씩 살펴보자.

먼저, 처리 및 저장 용량이 획기적으로 확대되어야 하는데, 그러기 위해서는 하드웨어 기술이 고도화되어야 한다. 에이전틱 AI가 계획을 실시간으로 수정하며 여러 개의 에이전트를 호출하려면 연산 및 메모리 기능이 좋아야 한다. 특히 에이전틱 AI라면 목표를 달성하기 위해 자신에게 연결된 여러 시스템과 데이터를 주고받으며 호출을 반복해야 한다. 이때 기존 AI에 비해 훨씬 많은 연산 작업과 데이터 이용이 필요하다. 전문가들에 따르면 기존 생성형 AI보다 동일 요청당 통상 5~10배 많은 연산량이 소요될 것으로 추정한다.

피지컬 AI의 경우에는 에이전틱 AI보다도 데이터 처리 및 저장에 대한 부담이 더 크다. 예를 들어, 챗GPT는 텍스트 기반의 문장, 숫자, 코드 등 기호적 데이터를 다루지만, 피지컬 AI는 현실 공간에서 물체, 움직임을 포함한 3차원(형태, 위치, 움직임) 구조의 데이터로 학습하고 그 결과를 현실 세계의 물리적 행동으로 구현해야 한다. 즉 단순히 "책상 위에 컵이 있다"는 문장을 아는 게 아니라, 책상의 높이, 컵의 질량과 질감, 손으로 잡을 때의 힘의 크기, 컵이 떨어졌을 때의 물리적 궤적 등을 실제 3D 물리 공간 안에서 시뮬레이션하고 예측해야 한다는 뜻이다. 당연히 온라인보다 훨씬 다양한 물리적 요인이 변수로서 존재하는 만큼, 학습이나 시뮬레이션을 정교하게 하면 할수록 처리해야 하는 데이터 용량은 엄청나게 커진다.

에이전틱 AI에 나의 의사와 행위를 어디까지 일임해도 되는지 관련 제도와 규제의 마련도 필요하다. 또한 인공지능에 의한 사고 발생 위험은 기술적으로 완벽히 해소되는 것이 불가능한 만큼, 이에 대한 대응 조치를 사전과 사후로 구분하여 체계적으로 마련할 필요도 있다. 예를 들어, 앞서 언급했던 기계 고객으로 비즈니스 활성화를 하고자 한다면, 에이전틱 AI를 통한 의사결정의 권리와 책임은 명확해야 한다. 안전성 측면에서도 인공지능이 인간을 물리적으로 그리고 정신적으로 해치지 않도록 윤리적 제약 조건이나 해악 방지 설계를 미리 해두는 등의 사전 조치가 필요하다. 더불어 사후 감독 절차와 제재 수단도 법으로 명시해야 한다.

실제로 많은 국가와 단체들은 인공지능의 위험 등급별 규제·감시 체계를 마련하거나 준비 중이다. EU는 2024년 5월 세계 최초로 AI 법을 공포하였는데, 여기에는 사람의 건강, 안전, 기본권에 미치는 위험 정도에 따라 인공지능을 네 단계로 분류하고 그에 맞는 규제를 2026년 8월까지 단계적으로 시행함을 밝히고 있다. 미국도 신뢰할 수 있는 인공지능 개발과 사용을 위해 AI 시스템 개발자들이 안전성 평가 결과를 정부에 공유하고, 유관 기관에 안전성 테스트 표준안을 마련하도록 하는 행정 명령을 2023년 10월 발동했다. 우리나라도 안전성과 사용자 규제를 정의한 AI 기본법이 2024년 국회를 통과해 2026년부터 시행될 예정이다.

그리고 에이전틱 AI와 다른 AI 및 도구들 간의 표준화와 규격화된 커뮤니케이션 시스템도 필요하다. 에이전틱 AI가 다양한 역할과 업무를 직접 수행하려면, 사전 학습된 대형언어모델을 넘어서 여러 개의 도구 혹은 데이터 소스와 연결되어야 한다. 웹에서 추천 맛집을 검색한 다음 구글 캘린더에서 일정을 확인하고, 오픈테이블에서 예약을 한 다음 지메일로 저녁 초청장을 보는 단순한 작업도 최소 4~5개의 앱과 연결되어야 가능하다. 그러니 더 복잡한 비즈니스 프로세스를 처리하기 위해서는 훨씬 많은 도구 및 시스템과의 연결이 필요하다. 그리고 각자 별도로 이뤄지는 것이 아니라 인터넷 프로토콜처럼 표준화, 규격화가 되어야 한다. 표준화된 프로토콜을 쓰면 네트워크를 개별적으로 유지할 필요가 없고, 확장성이 높아져 정보처리에 드는 시간과 비용을 모두 줄일 수 있다. 그리고 이를 통해 네트워크 연결성이 확대되면 에이전틱 AI의 업무 능력도 고도화된다.

최근 산업계에서 여러 대안이 제시되면서 표준화 움직임이 나타나고 있다. 2024년 11월 앤트로픽(Anthropic)은 에이전틱 AI와 다른 애플리케이션 도구 혹은 데이터 소스 사이의 네트워크 프로토콜인 MCP(Model Context Protocol)를 오픈 소스로 공개했다. 구글과 다수 협력 업체 역시 AI와 AI간 통신을 위한 A2A(Agent-to-Agent) 프로토콜을 2025년 4월 출시했다. 이처럼 표준화 경쟁도 해당 서비스나 기업의 운명을 좌우할 것으로 보인다.

5.
인공지능 산업 구조와 핵심 플레이어

여느 산업과 마찬가지로, 인공지능 산업에서 활동 중인 기업들은 밸류체인 내에서 각자 공급자 혹은 수요자의 역할을 한다. 예를 들어 클라우드 사업자는 GPU나 AI 서버를 제조하는 업체의 수요자인 동시에, 소비자에게는 AI 서비스를 제공하는 공급자이기도 하다. 또한 각 기업은 제품·서비스 유형에 따라 다른 기업과 경쟁 또는 보완적 관계에 있다.

따라서 산업 구조를 세분화하고 참여하는 기업의 포지션을 잘 알아두면 앞으로의 투자에도 도움이 된다. 앞에서 우리가 역사를 배우고 지금의 기술 현황을 이해하고, 좀 더 대중화되기 위해 무슨 과제를 해결해야 하는지 살펴본 이유도 결국 이

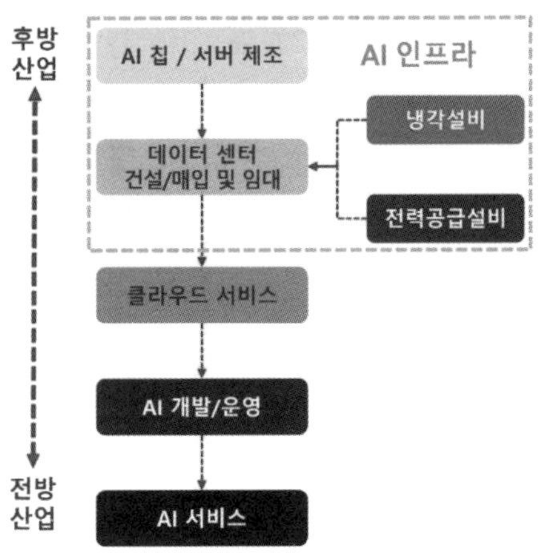

인공지능 산업 밸류체인

러한 밸류체인에 대한 정확한 이해를 하기 위해서다.

인공지능 산업은 크게 ①AI 인프라(하드웨어), ②데이터 클라우드, ③AI 모델 개발·운영, ④AI 서비스로 구분할 수 있다.

1)우선 AI 인프라에는 데이터센터에 들어가는 핵심 하드웨어인 반도체 칩 및 서버 제조 업체들이 있다.

일단 AI 칩 중 가장 대표적인 것은 인공신경망을 구현하는 범용 핵심 부품인 GPU(Graphics Processing Unit, 인공신경망의 병렬 연산을 처리하는 핵심 칩)로서 엔비디아, AMD가 대표적인 기업이다. 특히 엔비디아의 H100(Hopper)과 B100·200(Blackwell) GPU는 전 세계 AI 데이터센터의 핵심 인프라로 자리를 잡고 있다. 그리고 데이터 학습 및 추론에 특화된 TPU(Tensor Processing Unit, 구글이 자사 AI 모델 학습을 위해 개발한 전용 칩)도 있다. 구글은 TPU를 구글 클라우드 AI 내에 직접 활용하고 있다(구글 클라우드 AI란 구글에서 제공하는 AI 및 머신러닝 서비스와 도구들로, AI를 개발하는 데 필요한 것들을 몽땅 제공하는 것으로 보면 된다). 이외에 저전력·저지연 속도가 특징인 모바일 기기용 NPU(Neural Processing Unit, 스마트폰·자동차·IoT 기기처럼 저전력 환경에서 AI 기능을 빠르고 효율적으로 처리하는 전용 칩)도 있다. 애플은 아이폰의 A17 프로세서에 NPU를 탑재했고, 퀄컴은 스냅드래곤 칩셋에 AI 엔진을 내장했다. 칩을 개발한 구글, 애플, 퀄컴 등은 파운드리 업체에 위탁하여 칩을 생산한다. 파운드리의 대표기업이 대만의 TSMC다.

그리고 AI 연산에 필요한 대규모 데이터를 초고속으로 주고받기 위해서는 메모리 반도체인 HBM(High Bandwidth Memory, 대량의 AI 데이터를 초고속으로 주고받는 메모리 반도체)이 필요하다. 우리나라 기업인 SK하이닉스, 삼성전자, 마이크론(Micron)이 대표 기업으로 시장을 주도하고 있다. 이 회사들은 칩 설계와 생산을 모두 같이 진행한다.

최근 다수의 빅테크들은 자사의 제품이나 서비스에 적합한 AI 연산 전용 칩을 주문형 반도체(ASIC_Application Specific Integrated Circuit) 형태로 요청하는 경우도 늘고 있는데, 설계에 있어서는 브로드컴(Broadcom), 마벨 테크놀로지(Marvell Technology)가 대표적이다. 최근에는 구글, 아마존, 메타 같은 빅테크들도 자체 ASIC를 설계하고 있다.

마지막으로 이들 업체에 소재, 부품, 장비 등을 공급하는 무수한 기업이 연결되어 산업 생태계가 구성된다. 대표적으로는 칩 제작과 관련해서 반도체 공정에 필수 장비인 노광 장비를 전 세계적으로 독점 공급하는 업체인 ASML, 증착·식각 장비 공급 업체인 램 리서치(Lam Research), 어플라이드 머리티얼즈(Applied Materials) 등이 있다. 이들 기업은 전문 투자자들이 포트폴리오에 종종 편입하는, 약방의 감초 같은 기업이다. 이외에도 감광액 도포 및 현상 장비 업체 도쿄일렉트론(Tokyo Electron), 검사 및 테스팅 장비 기업인 KLA와 어드반테스트(Advantest)도 경쟁력 높은 AI 인프라 기업으로 손꼽힌다.

델, HPE, 레노버, IBM 등의 기업들은 위와 같이 만들어진 AI 칩들을 회로 기판에 배열한 다음 케이블로 연결하고 케이스에 꽂아 하나의 서버로 만든다. 그리고 이렇게 탄생한 AI 서버가 최소 수천 대에서 많게는 수십만 대가 모여 하나의 데이터센터가 된다. 따라서 데이터센터 구성에는 대체로 넓은 부지와 전력, 수도, 교통 등의 인프라 구축이 필요하다. 또 수많은 서버가 밀집해 24시간 작동하다 보니 안정적인 전력 공급 설비도 중요하다. 최근에는 전력 공급의 대안으로 SMR(소형

모듈 원자로)가 주목을 받고 있다. AI 데이터센터 전력 공급 관련 기업으로는 콘스텔레이션 에너지(Constellation Energy), GE 버노바(GE Vernova), 홀텍(Holtec), 뉴스케일파워(NuScale Power), 오클로(Oklo) 등이 있다.

냉각 설비의 중요성도 커지고 있다. 다만 AI 서버의 경우 발열이 워낙 심해 기존 수냉식으로는 해결이 어렵다 보니, 최근에는 특수용액에 담가 직접 열을 빼앗는 액침냉각 방식이 부각되고 있다. 냉각설비 제조 및 운영 관련 기업으로는 버티브 홀딩스(Vertiv Holdings), 트레인테크놀로지스(Trane Technologies), 서브머(Submer), GRC, 아스페리타스(Asperitas), 리퀴드스택(LiquidStack) 등이 있다.

2)데이터 클라우드 서비스 운영 업체들은 인공지능 산업 생태계의 핵심 주체다. 하이퍼스케일러로 불리는 이들은 전 세계에 초대형 데이터센터를 운영하며, AI 모델 개발·학습·배포에 필요한 컴퓨팅 파워와 스토리지를 구독형으로 제공한다. 대규모 클라우드 컴퓨팅 인프라를 자체적으로 구축하고 확장(scale up/out)할 수 있는 기술력과 자본을 가지고 있다. 기업 입장에서 직접 데이터센터를 구축하는 것은 막대한 초기 투자비, 전력 비용과 냉각 비용, 보안·운영 인력 등의 부담이 크기 때문에, 대부분은 클라우드 업체와 계약해 필요한 용량만큼만 빌려 쓰는 구조를 택한다. 이 때문에 하이퍼스케일러

는 AI 반도체 칩 및 서버 제조업체의 최대 고객이자, AI 산업 전반의 핵심 수요처다.

대표 기업으로 아마존(서비스명 AWS), 마이크로소프트(서비스명 Azure), 구글(서비스명 Google Cloud) 등 우리에게 친숙한 빅테크 기업들이다. 이들은 AI 모델을 직접 개발·운영하거나 자신들이 원하는 반도체 칩을 직접 개발하기도 한다. AWS(Amazon Web Services)는 클라우드 시장 점유율 1위로 생성형 AI 개발 플랫폼인 베드락(Bedrock), AI 칩 트레이니움(Trainium)과 인퍼런시아(Inferentia)를 직접 설계해 사용 중이다. 애저(Azure)는 오픈AI와의 제휴로 GPT 모델을 애저 AI 서비스에 통합하여 제공 중이며, AI 데이터센터와 학습·추론용 AI 칩 MAIA를 자체 개발 중이다. 구글 클라우드(Google Cloud)는 자체 AI 모델인 제미나이와 연동된 버텍스 AI, AI 전용 칩(TPU)으로 경쟁력 확보를 시도하고 있다. 이외에도 중국의 알리바바, 텐센트, 화웨이의 클라우드 서비스들도 아시아 지역을 중심으로 성장 중이며, 중국 내 AI 산업의 핵심 인프라로 자리 잡아가고 있다.

참고로 하이퍼스케일러는 아니지만 세일즈포스나 오라클처럼 자체적으로 클라우드 플랫폼을 구축하고, 이를 통해 자사의 AI 서비스를 제공하는 경우도 있다.

3)AI모델 개발·운영 기업들은 언어, 이미지, 음성, 영상, 코

드 등 다양한 데이터를 학습해 고도화된 AI 모델을 개발한 다음, 자신의 제품과 서비스에 직접 활용하거나 다른 기업이 이용하고자 할 때 별도의 이용료를 받는다. 이 모델은 다시 서비스 기업·플랫폼 기업에 공급되거나, 직접 소비자 대상(B2C)으로 서비스된다. 이들은 인공지능 생태계에서 가치 사슬의 중심, 즉 '두뇌를 설계하는 역할'을 맡는다.

최근에는 생성형 AI 단계를 넘어 에이전틱 AI로 개발 경쟁이 본격화되는 중이다. 이들 기업 중 일부는 소비자들에게 직접 서비스를 제공하기도 한다. 대표 기업으로는 오픈AI, 구글 딥마인드, 엑스AI(xAI), 앤트로픽, 메타, 미스트랄AI, 딥시크, 알리바바 클라우드 등이 있다. 이외에도 많은 스타트업이 특정한 작업에 필요한 AI 모델 개발에 뛰어들고 있다.

선두주자인 오픈AI는 챗GPT, 달리, 소라 등 멀티모달 AI 모델을 주도하고 있으며, 마이크로소프트와 긴밀히 협력하고 있다. 2025년 7월 다중·복합 작업을 수행하는데 특화된 에이전트 버전을 출시하여 B2C 시장에서 경쟁력을 높이고 있다. 구글 딥마인드는 모델 제미나이를 활용해 기존의 멀티모달 AI는 물론이고 게임, 로보틱스 등 다양한 분야로 AI 모델을 확장하고 있다. 일론 머스크가 설립한 엑스AI는 X 플랫폼과 통합된 모델 그록을 운영 중인데, 실시간 데이터 반영을 강점으로 빠르게 저변을 확대하고 있다. 앤트로픽은 안전성과 신뢰성을 중점에 둔 모델 클로드 시리즈를 개발·운용중이며 아마존 및 구글과 전략적 제휴를 맺고 있다. 프랑스 스타트업인 미스트랄 AI는 상용 모델 외에 다양한 고성능 오픈 소스 모델을 운용하여, 맞춤형 모델 개발 시도를 하고 있다. 메타는 오픈소스 기반 라마(Llama) 모델 시리즈를 통해 개방형 AI 생태계를 확장하고 있다. 딥시크, 바이추안(Baichuan), 센스타임(SenseTime) 등 중국계 AI 기업들도 현지 데이터 및 언어에 특화된 LLM 개발에 집중하고 있다.

4)자신들의 기존 제품이나 서비스에 AI 기능을 탑재해 서비스를 제공하는 기업도 있다. 이 중 일부는 자체 클라우드 플랫폼을 보유하기도 하지만, 최근에는 사용자 저변이 넓은 하이퍼스케일러 및 AI 모델 개발 기업과 제휴하여 비즈니스에 특화된 에이전틱 AI 서비스를 제공하며 수익성을 높이고 있다.

맥킨지는 많은 소프트웨어 업체들이 에이전틱 AI를 내장해 제품을 재정의하고 있다고 지적했다. 단순히 기존 기능을 제공하는 것에서 한발 더 나아가 AI 기능을 내재화(embedded)하고, 에이전틱 형태로 '스스로 실행하고 판단'하는 수준으로 소프트웨어·서비스 기업이 진화하고 있다고 밝혔다.

주요 기업으로 팔란티어, 서비스나우(ServiceNow), 크라우드스트라이크(CrowdStrike), 앱러빈(AppLovin), 세일즈포스, 오라클, 어도비, 워크데이(Workday) 등이 있다. AI 서비스 분야의 선두기업으로 평가받는 팔란티어는 AIP를 통해 미 국방부와 금융·헬스케어 기업 고객을 대상으로 데이터 통합·AI 자동화 솔루션을 제공한다. 서비스나우는 AI 워크플로우 자동화 분야에서 강점을 보이는 기업이다. 회사의 나우플랫폼(Now Platform)은 고객이나 직원의 다양한 요청을 관리하는 프로세스(접수〉할당〉처리〉피드백) 전반을 자동화하는데 최적화된 툴로 평가받는다. 2025년 9월에는 멀티모달 AI 기능이 탑재된 제나두(Xanadu)를 공개하기도 했다. 클라우드스트라이크는 사이버 보안 분야에 특화된 기업으로 이들이 만든 AI 기반으로 작동하는 팔콘플랫폼(Falcon Platform)은 네트워크들의 엔드포인트(각종 단말기 등) 보안을 위해 실시간 위협 탐지·대응을 자동화하여 서비스한다. 세일즈포스는 고객관리 마케팅 지원 서비스에 특화된 CRM분야의 선두기업으로 기존의 자사 제품에 AI기능을 탑재한 에이전트포스로 영업·고객서비스·마케팅을 자동화했다. 2025년 10월에는 음성 지원 및 추론 기능을 강화한 에이전트포스 360을 출시하여 호평을 얻고 있다. 오라클은 AI기반의 클라우드 애플리케이션 영역을 강화하고 있으며, 기업용 애플리케이션에 AI 모델을 통합해 서비스하는 전략을 펼치고 있다. 어도비는 크리에이티브 및 마케팅 소프트웨어 영역에서 생성형 AI를 통합하여 콘텐츠 제작, 맞춤형 마케팅 자동화 기능을 강조하고 있다. 워크데이는 인사·재무·운영관리 영역에서 AI 기반 분석 및 추천 기능을 확대하고 있다.

이외에도 여기 나열되지 않은 다양한 기업들이 사업을 영위하고 있으며 시장 진출입 또한 활발하게 일어나고 있다. 전문가들은 소비자들의 다양한 니즈에 맞춰 사업 혁신이 빠르게 일어날 수 있다는 점에서 AI 소프트웨어 및 서비스 기업에 대한 전망을 긍정적으로 하고 있다.

지금까지 인공지능의 미래 모습을 예측하고, 산업 밸류체인 내 주요 플레이어들을 살펴보았다. 초기 인지(분류)형 AI에서 시작한 인공지능은 생성형 AI를 거쳐 에이전틱 AI 단계로 빠르게 진화하고 있으며, 모든 산업과 일상에서 보편적 도구로 자리 잡을 것으로 전망된다. 나아가 휴머노이드와 결합된 피지컬 AI는 인공지능을 물리적 세계로 확장하며 그 영향력을 더욱 공고히 할 것이다. 광범위한 활용 가능성과 생활 전반에 미칠 파급력을 고려할 때, 인공지능 시장은 향후에도 지속적으로 성장할 것으로 예상된다.

3장.

휴머노이드:
로보틱스 산업의 新혁명

"이미 인공지능은 생성형 AI를 넘어 자율주행차, 휴머노이드 등과 결합한 피지컬 AI로 진화하고 있습니다. AI와 현실 세계의 경계를 허무는 것이 우리의 다음 과제입니다."

CES 2025에서 젠슨 황은 AI 기술이 물리 세계와 결합하는 새로운 패러다임이 향후 우리의 일상을 바꾸게 될 것이라고 강조했다. 가까운 미래에 AI 기술이 적용된 인간 형태의 휴머노이드가 우리 일상의 다양한 분야에서 활약하게 될 것이라는 게 그의 전망이다. 실제 엔비디아를 비롯해서 테슬라, 아마존, 피규어 AI, 유니트리 등 다수의 글로벌 기업이 AI 기반의 "자율형 휴머노이드" 프로젝트에 뛰어들고 있으며, 그 수는 점차 증가하고 있다. 이는 젠슨 황의 말이 결코 먼 미래의 것이 아님을 시사한다.

1.
로보틱스의 역사와 휴머노이드의 등장

1950년대 최초의 산업용 로봇 팔인 유니메이트(Unimate)가 탄생했다. 유니메이트는 로봇 시대의 문을 연 첫 주인공으로 평가받는다. 1961년 GM 공장에 투입된 이 로봇은 뜨겁고 무거운 금속 부품(20kg 이상)을 집어 운반하거나 위험한 용접 혹은 도장(페인팅) 작업에 활용되며, 공장 제조라인 전체로 퍼져나갔다. 1981년에는 일본의 야마나시 대학과 13개 일본 기업이 공동 개발한 SCARA(Selective Compliance Assembly Robot Arm)가 생산성과 효율성에서 혁신을 일으키며 산업형 로봇의 고속화와 경량화를 주도했다. 기존의 거대한 산업용 로봇보다 훨씬 작고 빠른, 조립 특화형 로봇이었다. 이 로봇은 수직 방향으로는 단단하지만 수평 방향으로는 유연하게 움직이도록 설계되어, 전자 부품 조립이나 프린트 기판 납땜 같은 정밀 작업에 최적이었다. 이후 일본의 화낙(FANUC), 서독의 쿠카(KUKA), 스위스의 ABB, 미국의 유니메이션(Unimation) 등이 산업용 로봇 시장을 주도했다.

2000년대에 접어들면서 로봇의 센서 가격은 하락한 반면 모터와 제어 기술의 성능이 향상되면서 움직임은 더욱 빨라지고 정확도는 크게 개선었다. 이러한 기술적 진보 덕분에, 로봇은 더 이상 '공장 전용'이 아닌 '다목적 도구'로 진화하기 시작했다. 산업용, 군사용에 국한되던 로봇이 물류센터, 병원, 가정 등으로 진입하기 시작한 것이다. 예를 들어, 미국의 인튜이티브 서지컬(Intuitive Surgical)이라는 기업이 1999년에 최초 출시한 수술 로봇 다빈치(DaVinci)는 최근까지도 업그레이드를 거치며 정밀 수술에 널리 활용되고 있다. 2002년에는 미국의 아이로봇(iRobot)이라는 기업이 청소로봇 룸바(Roomba)를 출시했고, 다양한 가전 기업들이 유사한 형태의 청소 로봇을 선보었다. 2012년 키바 시스템즈라는 기업을 인수한 아마존은 물류 창고에 로봇 키바(KIVA)를 배치해 사람을 대신해 무인화와 스마트화를 추진하고 있다.

로봇 개발에 촉매제 역할을 한 것은 2009년 스탠포드 인공지능 연구소 등에서 개발을 시작한 오픈소스 미들웨어

ROS(Robot Operating System)이다. ROS는 일종의 로봇용 운영 체제로 센서·모터·카메라 등을 쉽게 통합할 수 있도록 표준화하여 로봇 개발을 보다 쉽고 체계적으로 할 수 있도록 길을 열었다. 누구나 쓸 수 있게 공개되면서 스타트업들의 신규 참여가 활발해졌다. 이로 인해 수많은 로봇 스타트업이 탄생했고, 학문 중심의 연구가 상업화로 빠르게 연결되고 확산하였다.

2010년대 후반부터는 사람과 같은 작업 공간에서 같이 일하는 코봇(Cobot_Collaborative Robot)이 산업 현장의 대세가 되었다. 기존 산업용 로봇이 인간과의 접촉을 피하고자 펜스 안에서 작동했다면, 코봇은 경량화된 몸체에 센서와 AI 제어 기술을 활용해 충돌을 감지하고, 즉시 멈출 수 있어 안전한 협업을 가능하게 했다. 점점 더 산업 현장에서의 로봇 역할이 대체자에서 동료로 인식되는 동시에, 수요 또한 대기업에서 중소기업으로 확대되었다.

최근에는 인공지능과 사물인터넷의 발전으로 활용 영역은 더 커지고 있다. 산업용은 물론이고 앞서 얘기한대로 수술, 간병 보호 등 헬스케어, 자율주행 기반의 물류 및 운송 서비스, 청소와 잔디깎이, 서빙 및 가사 분야 등 일상 속으로 점점 스며들기 시작했다. 그리고 이제는 또 다른 진화의 시작점에 와 있다. 바로 사람의 형상을 하고서 사람이 하던 다양한 업무를 같은 공간에서 수행하는 휴머노이드의 상용화다.

2000년 10월, 도쿄 아오야마 혼다(Honda) 본사 로비에서 키 120 cm의 하얀 로봇이 계단을 오르며 "ASIMO(아시모)입니다"라고 인사하자, 전 세계 언론은 일제히 "로봇의 새 시대가 열렸다"고 보도했다. 이 로봇은 혼다가 1986년부터 14년에 걸쳐 이족보행과 균형제어 기술을 연구해 탄생시킨 결과물이었다. 당시 아시모는 주변 사물을 인식하고 보행과 계단 오르기 중 균형을 완벽히 유지하는 모습을 선보이며 센세이션을 불러일으켰다. 학계에서는 "최초로 이족보행의 한계를 완벽히 극복한 휴머노이드"라는 평가도 했다. 아시모는 개발을 거듭하며, 3세대(2011년)에 와서는 실시간 상황 인식 및 판단이 가능해졌으며, 상대방의 제스처나 언어를 인식한 다음 대응하는 능력이 부각되며, 휴머노이드의의 실용화에 대한 기대를 높였다.

과거부터 노동 없이 먹고 살고 싶은 인류의 난제를 해결할 대안으로 언급되던 것이 바로 인간의 형상을 한 로봇 '휴머노이드'다. 15세기 레오나르도 다빈치의 '기계 기사', 20세기 초 『오즈의 마법사』에 등장하는 '양철 로봇', 1939년 제너럴모터스(GM)가 제작 전시한 강철 로봇 '일렉트로' 등 그동안 많은 사람이 개념화한 로봇의 형상은 인간 모습과 유사했다. 현재까지는 일부 로봇이 사람의 동작이나 신체 일부분을 모방하는 데는 성공했지만, 완벽한 사람 형상을 하고 실제 사람처럼 움직이는 휴머노이드를 구현하는 데는 아직 많은 기술적 선결 과제가 남아있다.

이미 다양한 형태의 로봇이 산업 현장은 물론이고 우리의 작업 일상에서 이미 광범위하게 쓰이고 있는데도, 왜 학계나 기업은 엄청난 비용과 시간을 들여 굳이 인간을 닮은 휴머노이드 개발에 집착하는 걸까? 그 답은 문명 사회의 공간 혹은 도구들 대부분이 인간의 신체 활동에 가장 적합한 형태로 만들어져 있기 때문이다. 주거 공간의 손잡이, 콘센트의 위치, 각종 버튼, 의자와 책상의 높낮이는 수천 년 동안 인간의 몸에 맞게 구성되어 왔다. 우리가 사용하는 손잡이 달린 도구 또한 인간의 손에 적합하게 만들어져 있다. 따라서 우리와 유사한 형태로 비슷한 동작을 구현하는 휴머노이드를 만들 수만 있다면, 이 모든 것을 그대로 활용할 수 있기 때문에 사회적 비용이 훨씬 덜 들게 된다. 나사못 박는 로봇, 야채 다듬는 로봇, 물건 나르는 로봇을 각각 따로 만드는 것보다 한 대의 휴머노이드에게 못과 망치를 쥐어주거나, 칼을 쥐어주고, 물건을 나르도록 하는 것이 비용이나 자원 활용 측면에서 효율적이기 때문이다.

다만 인간의 206개 뼈와 650개의 근육이 만들어 내는 복잡한 동작을 기계로 구현해 낸다는 것은 불과 50년 전만 해도

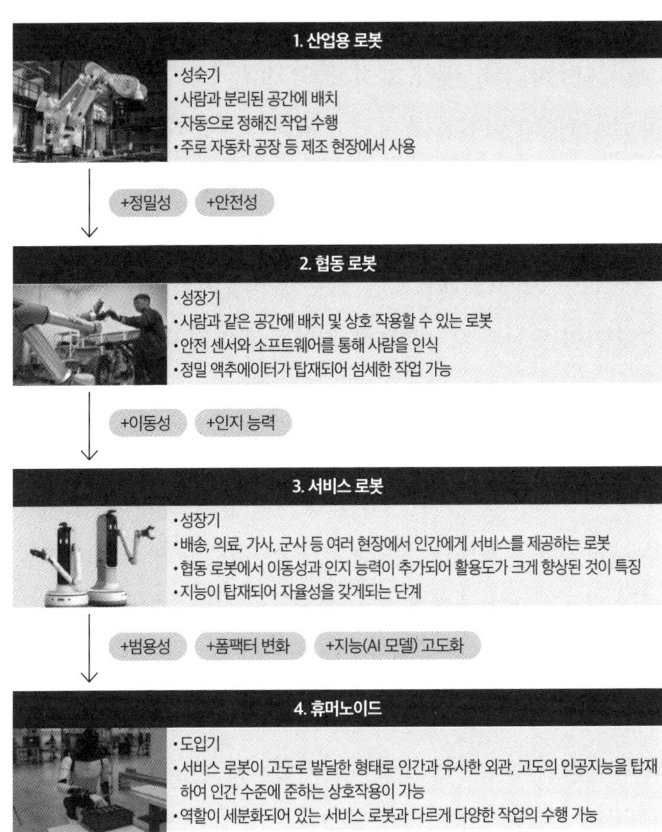

로봇 발전 4단계 (IEEE 자료, 삼성자산운용 출처)

불가능해 보이는 일이었다. 당시에는 구동 장치, 센서, 제어
장치가 크고 무겁고 정밀도가 낮았기 때문에, 인간과 비슷한
움직임을 재현하는 것 자체가 큰 도전이었다. 하지만 시간이

지나 모터 등 구동 장치, 센서, 제어 장치가 차츰 경량화·정밀화·소형화 됨에 따라, 점차 인간 동작을 부분적으로나마 모방해 구현해 내는 데 성공한 프로토타입들이 출시되기 시작했다.

1984년 와세다 대학에서 선보인 와봇(WABOT)-2는 인간의 손가락 모션을 모방했는데, 시연회에서 건반을 연주해내며 기술력을 과시했다. 같은 시기 미국과 유럽에서도 다관절 로봇 연구가 진행되었으며, 특히 산업용 로봇 기술을 응용해 연구용 휴머노이드가 개발되었다. 앞에서 살펴본 것처럼 혼다는 1993년부터 이족보행 휴머노이드 P시리즈와 아시모를 개발하여 걸음걸이와 균형 유지 능력, 계단 오르내리기, 간단한 물체 이동 같은 인간형 행동을 구현했다. 아시모는 사람과 자연스럽게 상호작용할 수 있는 음성 인식 기능까지 탑재하며, 기술적 진화를 상징하는 사례로 자리잡았다.

2010년대부터는 기존의 로보틱스 산업 강자들 외에도 많은 스타트업이 나타나면서 다양한 형태의 휴머노이드 개발에 뛰어들었다. 이들은 물류, 제조, 교육, 엔터테인먼트 분야에서 활용 가능한 소형·중형 휴머노이드 및 로봇견을 선보이며 시장의 폭을 넓혔다.

그리고 2025년 현재, 휴머노이드는 단순히 인간을 기계적으로 모방하는 것을 넘어 인공지능 두뇌를 장착한 활동형 로봇으로 진화 중이다. 즉, 인간과 유사한 움직임뿐만 아니라 상황 인식, 자율 판단, 작업 조정까지 수행하는 형태로 변화해 나가고 있다. 이렇게 진화된 로봇은 산업 현장, 연구, 의료, 서비스 분야에서 점점 더 실질적인 역할을 수행한다. 앞으로 인간의 작업 환경과 일상생활에서 점점 더 자연스럽게 함께하는 활동이 많아질 전망이다.

2.
휴머노이드 기술 현황과 특성

한국의 현대자동차가 인수해 유명해진 로보틱스 제조 업체인 보스턴 다이내믹스(Boston Dynamics)는 2024년 4월, 자사의 휴머노이드 모델인 신형 아틀라스(Atlas)를 공개했다. 이미 이전 버전부터 360도 회전 점프를 선보이며 세상을 놀라게 했던 이 로봇은 '사실상 어떤 자세든 인간보다 민첩하게 취할 수 있다'는 평가와 더불어 현재는 물류와 제조 현장에 투입되어 다양한 테스팅 과정을 거치고 있다. 아틀라스의 진화는 '로봇이 인간처럼 움직일 수 있는가'라는 실험적 단계에서 '로봇이 인간과 함께 일할 수 있는가'라는 산업적 단계로의 이행을 상징한다.

휴머노이드를 아이폰에 이을 차세대 플랫폼으로 규정한 테슬라의 일론 머스크는 2025년 가을부터 자사의 휴머노이드 모델인 옵티머스(Optimus)의 최신 버전을 수천 대 생산하여 이른 시일 내에 테슬라 공장에 배치하겠다고 공언했다. 머스크는 휴머노이드를 'AI+로보틱스 플랫폼'으로 보고 있다. 즉 단순한 로봇 한 대가 아니라 테슬라의 AI 시스템(Dojo 슈퍼컴퓨터, 자율주행 AI, 센서 네트워크)과 연결된 거대한 생태계 일부로 본다. 사실 테슬라뿐만 아니라 휴머노이드를 개발하는 많은 기업이 데이터 수집, AI 학습, 물리적 노동의 통합 플랫폼으로 로봇을 인식하며 새로운 산업 생태계를 구축하는 시도를 벌이고 있다.

휴머노이드가 앞으로 우리 삶에 어떤 변화를 일으킬지 좀 더 자세히 살펴보자.

생산 활동의 대체

현재 휴머노이드는 제조 및 물류업에서 우선적으로 활용되고 있다. 그 이유는 무엇보다 생산 활동을 통해 투입한 비용을 직접 회수할 수 있기 때문이다. 즉 실제 '생산'이나 '물류 처리' 같은 업무에 투입되어, 인건비를 절감하고 생산성을 높

산업 현장에서 시범운영 중인 휴머노이드 (삼성자산운용 자료)

여 투자비를 바로 상쇄할 수 있어, 더욱 적극적인 개발이 가능하다. 그리고 산업 현장은 주거 및 상업용 공간보다 통제가 쉬워, 휴머노이드 오작동에 따른 사고 위험 관리도 수월하며, 사회적 규제나 우려감이 비교적 낮다는 장점도 가지고 있다.

이런 이유로 다양한 휴머노이드가 자동차 공장과 물류 창고 등에서 실제 테스트를 거치고 있다. 예컨대 피규어 AI는 BMW와 협력하여 조립 라인에서 인간과 함께 작업하는 피규어 02를 투입, 협업형 생산 모델을 검증하고 있다. 테슬라는 앞에서 얘기한 대로, 옵티머스를 자사 전기차 공장에 투입해 공정 자동화와 비용 절감을 실험 중이며, 향후 대량 생산을 목표로 하고 있다. 그리고 어질리티 로보틱스는 아마존 물류센터에 디짓(Digit)을 배치해 선반 적재 등 단순 반복 업무를 수행하며 상용화 단계를 밟고 있다. 제조와 물류 현장에서의 테스트는 단순 시연이 아니라, 실제 산업 생태계 안으로 로봇이 진입하는 첫 단계로 평가된다.

산업 현장에서 기업이 휴머노이드에 우선하여 관심을 가지는 이유는 고령화로 인한 노동력 부족의 강력한 대안 역할을 하기 때문이다. 아직은 물품 운반과 같은 단순 노동에 한정되지만, 점점 더 정교해지는 휴머노이드를 생각한다면, 사람을 대체할 수 있는 업무 범위는 더욱 넓어질 전망이다.

비용 측면에서의 강점도 더욱 커질 것이다. 특히 선진국의 경우 노동자에게 지급해야 하는 인건비나 복지 비용이 꾸준히 상승하지만, 휴머노이드의 생산 및 운영 비용은 지속적으로 하락이 예상된다. 예를 들어, 2024년 6월 모건스탠리는 테슬라의 옵티머스 구입 비용이 향후 5~10년 이내에 약 2~5만 달러 수준으로 낮아질 것으로 예측했다. 일론 머스크 역시 양산 시점(2026년 예정)의 판매 가격을 2~3만 달러까지 낮추겠다고 발표한 바 있다. 단순 비교이긴 하지만, 2024년 기준 디트로이트 자동차 공장 생산 지원의 최저 임금이 연 34,174 달러임을 고려하면 유지 비용과 감가상각에 따른 교체(15~20년 주기)를 고려하더라도 비교가 무색할 만큼 경제적이다.

이런 이유로 아직은 테스트베드 측면에서 소수 제품만이 활용되고 있지만, 이미 공장이나 물류 창고에서는 그 효용성이 입증되고 있는 만큼, 산업 현장에서 일상적으로 휴머노이드를 볼 수 있을 날이 멀지 않았음을 알 수 있다. 실제로 중국의 휴머노이드 제조 업체 유비테크는 2024년 말 중국의 한 자동차 기업으로부터 자사 제품 워커(Walker) S1의 주문 의향서를 500대 이상 접수했다고 발표하기도 했다. 단순 실험 단계를 넘어 상업적 대량 보급의 신호탄으로 해석할 수 있는 대목이다.

모건스탠리는 향후 2035년까지 약 1,300만 대의 휴머노이드가 반복적이고 체계적인 작업 현장에 투입되어 사용될 것으로 전망했다. 이러한 변화는 단순히 로봇 자동화의 확장이 아니라, 인간 노동의 구조 자체를 재편하는 산업 혁명의 한 축이 될 수 있음을 시사한다.

자율형 휴머노이드

젠슨 황은 CES 2025 기조연설에서 앞으로 5년 동안 인간형 로봇 진화에서 큰 기술적 진척을 볼 수 있을 것이라며, 이를 위해 처리하고, 추론하고, 계획하며 행동할 수 있는 '피지컬 AI'에 대해 언급한 바 있다. 그는 "AI가 세상을 이해하고, 사고하며, 계획하고, 물리적으로 행동할 수 있어야 한다"며,

지능이 가상 공간의 연산에 머물지 않고, 물리 세계 속으로 확장되어야 함을 강조했다.

앞에서도 여러 번 언급한 것처럼, 피지컬 AI란 자율주행차처럼 '센서를 통해 실제 환경을 감지하고 이를 해석해, 목표달성을 위하여 물리적 행동을 스스로 계획 실행하는 지능'을 가리킨다. 단순히 대화나 이미지 생성에 머무는 소프트웨어적 AI가 아니라, 현실 세계의 물리 법칙(중력, 마찰, 충돌 등)에 따라 스스로 학습하고 움직이는 '몸을 가진 인공지능'이라고 할 수 있다.

자율적으로 판단하고 능동적으로 목표를 달성한다는 점에서는 최근 주목받는 에이전틱 AI와 유사하다. 하지만 온라인이 아닌 오프라인에서 구현한다는 점에서 차이가 있다. 즉 데이터를 분석하거나 답변을 생성하는 데 그치지 않고, 그 결과를 바탕으로 현실 공간에서 직접 팔을 움직이고, 걷고, 물체를 다루는 '행동'을 수행하는 것이 피지컬 AI다. 그리고 피지컬 AI의 실체적 구현을 위한 핵심 수단이 인간과 같은 형태의 하드웨어, 즉 휴머노이드이다.

휴머노이드는 사람처럼 손과 발, 팔다리, 관절, 센서를 가진 기계이기 때문에 다른 로봇보다 훨씬 복잡하고 정교한 제어를 요구한다. 단순히 정해진 루틴을 반복하는 산업용 로봇과 다르다. 넘어지지 않으면서 계단을 오르고, 사람의 움직임을 예측해 회피하고, 예측하지 못한 물체를 들어 올리는 등 수많은 변수에 대한 '자율적 판단'을 필요로 한다. 이를 위해서는 시각·청각·촉각 센서에서 들어오는 데이터를 실시간으로 해석하고 행동 계획을 세울 수 있는 고도화된 AI 학습이 필수적이다.

그동안은 현실 세계의 수많은 환경과 그에 반응하는 인간의 다양한 동작을 학습할 수 있는 데이터를 디지털 형태로 확보하는 것이 난제였다. 예를 들어 로봇 팔에게 컵을 들어 올리는 법을 학습시키려면, 수천 번의 실제 시범 동작을 센서로 포착한 다음, 이를 디지털 구조로 변환한 학습 데이터를 충분히 확보해야 한다. 그런데 이보다 훨씬 더 복잡한 구조의 휴머노이드가 활동하려면 당연히 더 많은 학습 데이터를 필요로 한다. 하지만 현실적으로 이를 일일이 시범 동작으로 구현한다는 것은 비용과 시간 측면에서 불가능에 가까웠다.

그런데 CES 2025에서 엔비디아가 코스모스(Cosmos)를 선보이면서, 그동안 난제로 여겨졌던 피지컬 AI의 학습 문제가 해결될 수 있을 거라는 기대가 커졌다. 코스모스는 현실 세계의 물리적 환경을 정밀하게 가상으로 재현하고 중력, 마찰, 반사, 충돌 같은 물리적 현상까지 반영하여 AI가 학습할 수 있는 데이터 생성 엔진이다. 실제 사람의 움직임을 수천 번 촬영하는 대신, 소량의 실세계 데이터를 기반으로 수백만 가지 변형

된 시나리오를 합성·확장함으로써 학습 효율을 극대화한다.

이는 AI가 단순히 정보를 처리하는 것을 넘어, 물리적 환경과 지능적으로 상호작용하는 '실체화된(Embodied) AI' 시대가 도래했음을 시사한다. 인간의 지능과 행동을 최대한 모방해 내는 자율형 휴머노이드의 등장이 드디어 눈앞에 다가온 것이다.

휴머노이드는 피지컬 AI와 결합하여 보다 실체적인 모습으로 우리 곁에 다가오고 있다. 영화 속에서만 보던 장면이 일상에서 펼쳐질 날이 얼마 남지 않았다. 좀 더 구체적으로 휴머노이드가 바꾸는 미래는 어떻게 될지 살펴보자.

3.
휴머노이드가 바꾸는 미래

휴머노이드에 대한 기대가 큰 이유는 앞에서 살펴보았듯이 하나의 제품이 인간 세계의 다양한 일을 처리할 수 있다는 점 때문이다. 기존의 로봇은 사전에 정해진 일만 수행하는 반면, 휴머노이드는 인간의 손을 모방한 구동기(Actuator)를 바탕으로 사람이 사용하던 도구로도 여러 가지 일을 처리할 수 있는 엄청난 장점이 있다.

물론 당분간은 공장 및 물류 창고 등 산업 현장에서 특정 목적 정도로만 쓰이겠지만, 점차 다양한 임무 수행이 가능한 피지컬 AI가 휴머노이드에 탑재될 것이고, 그렇게 되면 한 대의 휴머노이드가 제조, 물류는 물론이고 재난 대응, 간병, 일상 가사 등 다양한 분야에 적용되는 '범용 자율형 휴머노이드'로 진화할 것이다.

팔방미인, 범용 자율형 휴머노이드의 등장

범용 자율형 휴머노이드의 용도 중 가장 주목받는 분야는 아마도 가사가 될 것 같다. 청소, 요리, 빨래, 육아 등 다양한 소량의 업무를 순환하면서 처리해야 하는 가사 노동은 대량의 단순한 일을 반복하는 기존의 로봇으로는 적합하지 않지만, 잘 훈련된 '범용' 자율형 휴머노이드라면 얘기가 달라진다. 로봇 한 대가 다양한 소규모의 일을 처리해 내기 때문에 비용 효율화가 가능해진다.

피규어 AI는 "2025년 내 피규어 02를 최대 50가구에 투입해 알파 테스트를 시작하겠다"고 밝히며, 설거지·세탁·식료품 정리 같은 집안일을 100 % 자율화하겠다는 마스터 플랜을 공개했디. 테슬라도 옵티머스의 최신 모델 제2가 가정에서 노인을 간호하거나 아이와 놀아주고 청소나 화초 가꾸기를 하는 영상을 공개하며, 휴머노이드의 새로운 활용 가능성을 암시했다. 이러한 변화의 배경에는 AI 기반 자율 판단과 멀티모달 인식 기술의 급속한 발전이 있기 때문이다. 시각·청각·촉각 정보를 통합해 상황을 파악하고, 대형언어모델을 통해 행동 계획을 세우는 기능이 결합하면서, 비정형적이고 맥락이 중요한 가사나 서비스 업무에서도 조만간 인간 수준의 협업이 가능해질 것으로 기대된다.

이외에 각종 서비스업으로도 휴머노이드의 활약이 기대된다. 아마존은 실전 투입을 목표로 2025년 6월부터 샌프란시스코의 휴머노이드 파크(아마존의 장애물 코스 형태의 테스트 시설)에서 어질리티 로보틱스(Agility Robotics)의 휴머노이드 로봇 디짓(Digit) 등을 활용한 물품 배송 테스트를 시작했다. 캐나다 스타트업 생추어리(Sanctuary) AI는 자사의 휴머노이드 모델 피닉스(Phoenix)가 2024년 말 의류 매장 마크스(Mark's)에서 일주일간 110개의 업무를 성공적으로 수행했다는 테스트 결과를 발표했다.

그리고 2011년의 후쿠시마 원전사고처럼 원자로 내부에서 수리작업을 하거나 2023년 튀르키에-시리아 대지진처럼 잔해 속 인명을 구조하는 작업 혹은 극한 환경의 탐사 작업 등 위험성이 높으면서도 섬세한 작업이 요구되는 경우에도 휴머노이드가 매우 유용한 대안이 된다. 나사(NASA)는 자체 개발한 휴머노이드 발키리(Valkyrie)를 호주 서남부 해상 가스 플랫폼에 파견해 밸브 조작 및 설비 점검을 원격 수행하는 프로젝트를 진행 중이다. 성공하면 향후 달 궤도 게이트웨이와 화성

전초기지 유지보수에 발키리를 확대 투입할 것이라고 밝혔다.

휴머노이드의 보급은 단순한 편의성 확대를 넘어, 노동 인구 감소와 복지·안전 분야의 구조적 문제를 해결하는 기술적 돌파구로서 주목받는다. 다만, 이런 일을 모두 수행하기 위해서는 휴머노이드에 대한 안전성 검증이나 프라이버시 보호 등 관련 제도의 마련과 정비가 선행되어야 한다.

범용적으로 사용되는 자율형 휴머노이드가 바꾸는 일상의 모습을 상상해보자.

AI를 통해 상상해 보는 미래의 모습 _ 자율형 휴머노이드가 바꾸는 2040년의 일상

- (07:00 ~ 08:00) AI 집사 '부리몬'이 IoT 블라인드를 서서히 올려 기상 시점을 추천하고, 그와 동시에 커피머신을 작동시켜 모닝커피를 만든다. 휴머노이드 '오수'는 만들어진 뜨거운 커피를 정확히 커피잔에 담은 다음 센서로 위치를 캡처해 신짱구(40)에게 뜨거운 잔을 한 치의 오차 없이 건넨다.
- (08:00 ~ 09:00) 짱구의 아내가 요가 매트를 펴고 아침 운동을 하는 동안 오수는 방의 이불과 아이의 장난감 블록을 정리하고, 학교의 AI 선생님으로부터 '물감 수업 날' 알림을 확인하고, 곧바로 아이의 가방에 방수 앞치마를 챙겨 넣는다.
- (09:00 ~ 17:00) 세종시 외곽 공장에 출장 온 짱구가 본사 직

원용 AR 배지를 스캔한다. 현장업무용 휴머노이드 '알베르토'는 사전에 본사의 에이전틱 AI '뭉치'로부터 짱구의 출장 목적이 신제품의 데이터 분석용 샘플 확인임을 전달받고 시간에 맞춰 이를 준비해 둔다. 그리고 알베르토는 유리섬유로 코팅된 초경량·고가의 샘플 제품을 안전하게 운반하기 위해 손끝에 장착된 힘·가속도 센서로 진동을 실시간 측정하면서, 샘플의 흔들림을 2밀리미터 이하로 제한했다. 이를 모르는 짱구가 "이거 깨지기 쉬운 물건인데 괜찮겠어?"라고 묻자, 알베르토는 14ms(밀리 초) 주기의 실시간 충격 모니터링 그래프를 투사하며 '충격 지수 0.03g, 안전 구간 유지'라고 대답한다. 덕분에 짱구는 데이터 분석용 샘플을 한 점도 파손 없이 확보한다. 공장장은 알베르토 도입 이후 '처리 속도 40% 단축, 파손률 0 %'를 달성 중이라고 자랑한다.

– (19:00 ~) 짱구 가족의 저녁을 위해 부리몬이 해산물 크림 파스타 레시피를 추천하고 재료 위치를 순서대로 안내하자, 오수가 인덕션을 키고 면을 삶으면서 소스를 젓는다. 20분 후 아내가 요리상태를 확인하고 OK 사인을 내자 오수가 준비된 음식을 그릇에 담아 테이블을 세팅한다. 아내는 5~6년 전만 해도 자신이 직접 하던 요리와 설거지를 이제는 휴머노이드가 대부분 해주는 것을 보며 흐뭇해한다.

– (22:00 ~) 부리몬이 "야간 취침 모드"를 실행하자 오수는 스

스로 충전 단자에 몸을 밀착해 배터리를 자동 충전하며 대기한다. 가정용 휴머노이드 오수와 AI 에이전트들의 활약 속에서 짱구의 오늘 하루도 마무리된다.

향후 '범용 자율형 휴머노이드'가 가질 폭발적 성장 잠재력은 너무나도 당연해 보인다. 시장 조사기관인 포춘 비즈니스 인사이트는 2023년 24.3억 달러로 추산되는 휴머노이드 시장이 연평균 약 45.5%씩 성장하여 2032년에는 660억 달러에 달할 것으로 전망했다. 여기에 하드웨어 외 AI 및 학습 플랫폼 분야를 포함하면 시장 규모는 훨씬 더 커질 전망이다.

인간과 감정을 교류하는 반려 휴머노이드의 등장

스티븐 스필버그(Steven Spielberg)의 영화 『AI』(2021)에서는 사고로 중태에 빠진 아들 때문에 실의에 빠진 모니카에게 남편 헨리는 아이 모양의 휴머노이드 '데이빗'을 가져다준다. 그녀는 처음에는 강한 거부감을 보이지만, 자신을 엄마로 인식하고 교감하는 데이빗을 보면서 점차 진짜 아들을 대하듯 애정을 느낀다.

과연 어느 정도 기술력이면 로봇에게서 애정을 느끼는 정도가 될까? 초고령 국가 일본에서는 2000년대 소니에서 만든 반려 로봇 강아지 아이보의 주인이 고장난 아이보 앞에서 슬퍼하며 장례를 치르는 모습이 화제가 된 적이 있다. 최근에는 한술 더 떠서 이성 역할을 하는 AI나 로봇과 결혼했다고 하는 외신 기사도 종종 보인다. 가십성 기사에 가까운 것이지만, 이런 뉴스를 사회면에서 보는 일이 점점 더 잦아질지 모른다.

집단 생활을 하던 과거에 비해 현대인은 단독 생활을 많이 하는데, 고령자라면 자녀의 독립과 배우자 사별로 인한 고독감은 매우 크다. 반려동물이 적적함을 해소해 줄 수 있긴 하지만 의사소통도 제한적이고, 나이가 들면 돌보기도 힘들고 생활비와 의료비도 많이 든다. 만약 이 때 영화의 '데이빗'처럼 인간의 모습을 한 휴머노이드가 따뜻한 말을 건네며, 당신을 반기고 가끔 애교도 부린다면 어떨까? 앞으로는 반려 동물 대신 휴머노이드가 그 자리를 대신할지도 모른다.

몇 년 전부터 생성형 AI가 고도화되면서 기계와의 커뮤니케이션은 이제 별로 거북하지 않은 수준에까지 도달했다. 실제 사람과 대화하는 것처럼 느껴질 정도다. 이뿐만이 아니다. 홍콩에서 2016년 3월에 첫선을 보인 휴머노이드 소피아 (Sophia)의 실리콘 피부 아래에는 60개가 넘는 마이크로 모터와 케이블이 거미줄처럼 엮여 있어, 이를 통해 눈썹·눈꺼풀·광대 움직임을 모방하며 놀라움·당혹감 같은 복잡한 감정도

세밀하게 흉내낸다.

최근 반려형 로봇에 대한 관심은 상업 자본의 움직임으로도 연결되고 있다. 중국 스타트업 유비테크가 선보인 우나(Una)라는 휴머노이드는 실리콘 코팅을 두른 사람 같은 외형에 실시간으로 표정·제스처 등을 인식하여 사용자의 기분을 읽는 맞춤 반응을 학습했다. 유비테크는 자신들의 산업용 휴머노이드 로봇 워커S가 공장에서 일한다면 우나는 거실에서 감정을 나눌 것이라며 가정용 베타 테스팅을 준비 중이라고 밝혔다.

다만 반려형 휴머노이드 시장이 본격적으로 성장하려면 그 전에 인간과 비슷하지만, 어딘가 다른 어색함 때문에 심리적 불쾌감을 일으키는 '언캐니밸리'(Uncanny Valley)를 극복해야 한다. 1970년 일본의 로봇공학자 모리 마사히로가 제안한 이 개념은 로봇이 인간과 닮아갈수록 처음에는 친근감이 증가하지만, 일정 수준을 넘어서면 오히려 거부감이나 섬뜩함을 느끼는 현상을 설명한다. 실제로 외형이 정교한 휴머노이드 소피아에서 눈의 움직임이나 표정 변화에 약간의 지체 현상이 발생하거나 대화가 맥락을 벗어날 때, 이용자는 강한 어색함과 불편감을 경험했다고 말한다.

그럼에도 불구하고 결국 기술이 진보하면서 기계-휴머노이드가 인간의 정서적 대상이 될 가능성은 점점 더 현실이 되고 있다. 다만 그 과정에서 감정 인식의 자연성, 상호작용의 맥락 적응성, 외형과 움직임의 완성도 등이 기계에게 진정한 '애정'을 느낄 수 있느냐 없느냐의 핵심이 될 것으로 보인다.

이어지는 글에서는 휴머노이드가 산업화를 넘어 일상생활 속으로 들어오기 위해 기술 개발과 함께 선결되어야 과제는 무엇인지, 밸류체인 내의 주요 기업에는 어떤 것들이 있는지 살펴보고자 한다. 과거 아마존이나 엔비디아가 그랬던 것처럼, 여기에서 소개하는 기업 중 휴머노이드 시장을 선도하는 대표 성장주이자 좋은 투자처가 나올 수 있다는 점도 염두에 둘 필요가 있다.

4.
휴머노이드 상용화,
대중화를 위한 선결 과제

테슬라의 옵티머스가 세탁물을 조심스럽게 개고, 피규어 AI의 피규어 02가 BMW 공장에서 박스를 척척 옮기는 영상을 내놓았지만, 실제로 투입되는 수량은 아직은 수십-수백 대에 불과하다. 그리고 투자자를 끌어모으기 위한 '동영상 쇼'에 불과하다는 비판도 존재한다.

화려한 데모와 현실의 상용화 사이에는 아직 여러 기술적, 제도적, 경제적 장벽이 남아 있다. 진정한 '자율형 휴머노이드 시대'를 맞이하기 위해서는 이러한 선결 과제가 하나씩 해결되어야 한다.

1)가장 근본적인 과제는 인간과 유사한 움직임과 상호작용

을 구현하면서도 경제성을 확보하는 것이다. 현재 범용 휴머
노이드의 부품은 대부분 초정밀 공정과 맞춤형 설계에 의존
하고 있어, 한 대당 제작비가 수만 달러를 웃돈다. 아직은 부
품인 정밀 기계의 생산 사이클이 길고 단가 또한 내려가지 않
고 있다. 이런 상황에서 양산 체계를 갖추려면 연간 최소 수만
대 단위의 생산 규모가 필요하다. 그러나 아직은 휴머노이드
에 대한 구동기, 고출력 모터, 감속기, 정밀 센서 등 핵심 부품
의 표준화가 이루어지지 않아 규모의 경제를 실현하기가 어
렵다.

이 문제를 해결하기 위해 피규어 AI 등 제조 업체들은 각
각의 내부 표준을 정립해 가고 있다. 유비테크는 휴머노이드
부품을 모듈형으로 교체할 수 있는 '플러그앤플레이(Plug-and-
Play)' 구조를 추진 중이라고 밝혔다. 하지만 진정한 규모의 경
제를 실현하려면 산업 전반적인 부품규격 및 공정의 표준화
가 필수적이다.

2)휴머노이드의 오작동 리스크와 자율 판단에 따른 책임
소재의 규정 및 리스크 방지를 위한 안전성 검증과 윤리적·법
적 규제도 체계적으로 마련되어야 한다. 산업 현장이나 가정
등 사람과 함께 움직이는 환경에서의 오작동은 단순히 시스
템 에러가 아니라 물리적 위험으로 이어질 수 있는 중대한 사
안이다. 특히 사람과 한 공간에 있는 휴머노이드의 오작동은

인명 피해와 대형 사고로도 연결될 수 있다.

이와 동시에, 자율성 범위와 책임 소재를 정의하는 제도의 수립도 중요하다. 유럽연합은 AI Act를 통해 특정 용도의 자율형 로봇들을 고위험(HR, High Risk) 시스템으로 분류하고, 위험 관리 로직 구축, 데이터 거버넌스 준수, 수정 사항의 기록과 보관 등을 의무화하고 있다. 또한 사고 발생시 제조사, 보험사, 사용자 간의 책임 소재와 배상 기준을 명확히 해야 하는 것도 중요하다. 그래야만 이용에 대한 신뢰성이 생기기 때문이다.

3)휴머노이드끼리 혹은 다른 기기들과 미션을 효율적으로 공유하고 협업하기 위한 네트워크 통신의 표준화도 필요하다. 특히 산업 현장처럼 수백, 수천 대의 로봇이 일사불란하게 업무를 수행하려면 데이터의 실시간 수집, 처리, 의사결정, 명령의 흐름이 원활해야 한다. 하지만 현재는 각 제조사의 제어 프로토콜이 달라 상호 연동이 어렵다. 향후 여러 로봇이 상용화되고 함께 뒤섞여 작동하는 상황을 대비해야 한다.

이 문제를 해결하기 위해 기업 차원에서 여러 준비와 시도가 이루어지고 있다. 아마존은 AWS 고객사들이 다양한 제조업체의 로봇을 연결하고 관리할 수 있도록 API 등을 지원하는 로봇 관리 서비스 AWS IoT RoboRunner(로보러너)를 2022년 11월에 출시한 바 있다.

4)마지막으로 하드웨어 기술의 고도화가 지속적으로 요구된다. 현재 휴머노이드는 인체 중 관절과 근육의 역할을 모방한 구동기를 사용한다. 그런데 전력 소모가 엄청나고 발열 이슈도 심각하다. 배터리 사용도 수 시간을 넘기기가 어렵다. 테슬라의 발표에 따르면, 옵티머스 젠2도 공장 노동 작업 투입 시 완충 후 연속 작동 가능 시간은 4~6시간 정도에 불과하다고 한다. 전력 효율성과 부품의 무게 그리고 내열성이 서로 상충하는 만큼, 이를 동시에 해결할 수 있는 대안은 기술 고도화밖에 없다.

연구자들은 인공 근육 기반의 연성 구동기(Soft Actuator), 고에너지 밀도 배터리, 경량 복합소재, 냉각 효율이 높은 서멀 시스템 등을 연구 개발 중이다. MIT와 토론토대 연구팀은 2025년 다방향으로 수축 가능한 '전해질 젤 기반의 인공 근육'을 구현해 냈고, 테슬라는 차세대 옵티머스에 자사의 4680 배터리 셀을 탑재해 운용 시간을 두 배로 늘리는 방안을 실험 중이다. 결국, 전력 효율성·기계적 내구성·소형화를 동시에 달성하는 기술적 진보가 이뤄져야만, 자율형 휴머노이드가 산업 현장과 가정 양쪽에서 본격적으로 보급될 수 있다.

정리하면, 자율형 휴머노이드의 대중화는 기술만의 문제가 아니라 산업·법·사회 시스템 전반의 혁신을 요구하는 종합 프로젝트다. 하드웨어의 성능 향상과 더불어, 안전성 인증 체계, 표준화된 네트워크, 책임 법제의 정립이 병행될 때 비로소 '실험실의 인간형 로봇'이 아니라 '현실의 동료'로 자리할 수 있게 된다.

5.
휴머노이드 산업 구조와 핵심 플레이어

앞서 살펴본 바와 같이, 자율형 휴머노이드 산업은 하드웨어와 소프트웨어가 유기적으로 결합된 융복합적 구조로 이루어져 있다. 휴머노이드의 작동 과정은 크게 '인지 → 판단 → 동작과 제어'의 세 단계로 구분된다. 이때 로봇의 자유도(degree of freedom)는 사람과 비슷할수록 복잡한 작업이 가능하므로 각 부품의 정교한 설계와 제작이 필수적이다.

산업 구조를 구체적으로 살펴보면 하드웨어 분야는 크게 ①완성품 제조 업체와 ②부품 제조 업체로 구분할 수 있다. 이때 부품은 인간 신체에 빗대어 제어기(뇌, 척수), 센서(감각 기관), 구동기(관절 및 근육), 배터리(소화기) 등이 있고, 이 외에도

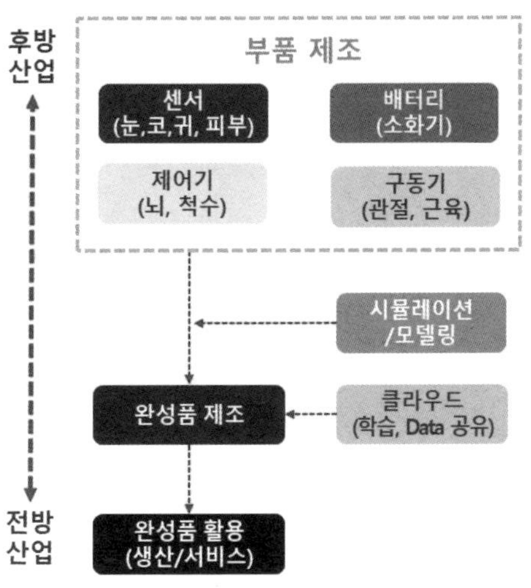

휴머노이드 산업 밸류체인

훨씬 다양한 부품들이 내부에 존재한다. 그리고 완성품을 제조하고 실제 운영하는 과정에서 최적화를 위한 학습 및 시뮬레이션을 담당하는 ③소프트웨어(클라우드 플랫폼) 분야도 중요하다. 하나씩 살펴보자.

1)완성품 제조 업체는 각자 고유한 설계 철학과 시장 진입 전략을 갖고 있다. 먼저 제조 업체별로 어떤 모델(완성품)이 있는지부터 보자. 대표적으로 테슬라(모델명 옵티머스), 피규어 AI(모델명 피규어), 보스턴 다이내믹스(모델명 아틀라스), 어질리티 로보틱스(모델명 디짓), 유비테크(모델명 워커S), 유니트리(모델명

G), 샤오미(모델명 사이버원) 등이 있다. 참고로 모델명은 2025년 6월 기준 해당 기업에서 제조·테스트 중인 휴머노이드 시리즈별 명칭이다. 이들 기업은 공통으로 "범용 휴머노이드"라는 목표를 내세우지만, 사용 목적과 접근 방식은 기업별로 다소 다르다.

테슬라의 옵티머스 젠2 는 자율주행 전기차로 축적한 센서 퓨전(Sensor Fusion) 기술과 실시간 데이터 처리 아키텍처를 그대로 이식하여, 생산라인 내 물류·조립 업무의 자동화를 목표로 한다. 피규어 AI의 피규어 02는 인체와 유사한 균형 감각과 손동작을 구현하기 위해 강화학습과 시뮬레이션 기반으로 학습된 AI를 바탕으로 동작한다. 실제 BMW 공장에서 테스트를 진행 중이다. 보스턴 다이내믹스의 뉴아틀라스는 역동적인 이동성과 고강도 작업 중심의 로봇으로 물류 및 산업 현장으로 사용성에 초점을 맞추고 있다. 중국 기업인 유비테크와 샤오미는 생산 현장에서의 활동과 더불어 가정용 감성형 로봇으로의 대중화 가능성을 탐색 중이다.

현재 완성품의 판매는 극히 제한적이지만, 향후 기업 간 협업 생태계 구축 여부 등이 상용화 속도를 좌우할 것으로 전망된다. 특히 자동차·물류·국방 분야 대기업들이 시제품을 공동 개발하거나 현장 테스트를 진행하면서, '수요 기반 기술 고도화'라는 선순환 구조가 점차적으로 형성 중이다.

2)부품 산업은 크게 휴머노이드의 '두뇌'(제어기, AI칩)와 '신체'(구동기, 센서, 배터리)로 나눌 수 있다. 먼저 두뇌는 앞서 살펴본 피지컬 AI로서 목표 달성을 위한 몸체의 전반적 제어와 더불어 사용자와의 커뮤니케이션 혹은 상황 판단을 위한 실시간 추론 등을 수행한다. 이때 휴머노이드의 중요한 특성인 실시간성과 사이즈 이슈 등을 고려하여, 내부의 별도 SoC(시스템 온 칩) 형태의 AI 칩을 탑재하여 처리한다. 하지만 복잡한 추론이나 대용량 학습 혹은 다른 기기 간 데이터 공유 및 커뮤니케이션은 클라우드를 통해 처리하기도 한다.

휴머노이드의 제어 방식은 통상 '중앙 집중형'과 '분산형'으로 이원화되어 있다. 중앙 집중형 제어란 특정 임무를 수행하기 위해 대뇌 역할을 하는 메인 AI 칩에서 구동기에 직접 명령을 내리고 피드백을 받는 과정을 의미한다. 다만 이것만으로는 부족하다. 작동 중 주변 작업자를 위험하게 하는 일이 생기거나, 이동 중 넘어짐과 운송 중 물품 파손 등의 돌발상황에 대응하려면 미세하지만 빠른 제어가 필요하다. 마치 인간의 몸에서 위급한 만사 행동은 대뇌가 아닌 척수에서 바로 일어나는 것처럼 말이다. 이를 위해 중요한 구동기마다 로컬 제어기를 부착하는 분산형 제어를 병행해야 한다. 이처럼 인간의 대뇌와 척수처럼 기능이 분산된 하이브리드 제어 구조는 최근 휴머노이드 아키텍처의 핵심 트렌드다.

AI 칩은 앞에서 언급한 GPU나 NPU 외에 휴머노이드의 용도에 맞춤화된 주문형 반도체(ASIC)가 있다. 주요 제조·설계업체로는 엔비디아, 인텔, 퀄컴, 암홀딩스(Arm Holdings), 시놉시스(Synopsys) 등이다. 한편, 로컬 제어기는 실시간성이 중요한 만큼 마이크로컨트롤러(MCU)와 같은 경량 제어칩을 쓰며, 이 때 센서의 물리적 신호를 디지털데이터로 매끄럽게 변환하는 디지털 신호처리장치(DSP) 등도 추가된다. 최근에는 휴머노이드가 점점 지능화되면서 연산 능력이 요구되는 만큼 경량 AI 칩이 추가되기도 한다. 주요 제조 업체로는 인피니언, 텍사스인스트루먼트, ST마이크로일렉트로닉스(STMicroelectronics), NXP, 마이크로칩(Microchip), 르네사스(Renesas) 등이 있다.

신체를 구성하는 핵심 부품으로는 구동기, 센서, 배터리가 있다. 휴머노이드 사이즈를 감안할 때 이들 부품의 고도화와 경량화는 중요한 핵심 과제다. 사람으로 치면 관절과 근육에 해당하는 구동기는 로봇의 움직임을 전체적으로 실현하는 장치이다. 이러한 구동기는 세부적으로 관절을 움직이는 힘을 내는 서보모터(Servo Motor), 상황에 따라 힘을 조절하는 감속기(Reducer)로 구분된다. 여기에 통상적으로 이들을 개별적으로 제어하는 로컬 제어기와 위치-속도 센서 등이 하나의 유닛(UNIT)으로 움직인다.

구동기는 정밀한 제어가 핵심 과제다. 큰 힘을 내는 게 관건인 산업용 로봇 팔과 달리 일상의 정밀한 작업(계란을 깨지지 않게 이동하거나 작은 볼트를 끼워 넣는 등)을 병행해야 하기 때문이다. 그런데 손동작만 완벽하게 구현하려고 해도 수십 개의 구동기가 움직여야 한다. 인간 손의 자유도는 관측하는 방식에 따라 약간의 차이는 있으나, 대략 23~27로 상당히 높은데, 이론적으로는 자유도 숫자만큼 개별 구동기가 필요하다. (사람의 손은 뼈가 27개, 관절이 20개 이상이며, 각 손가락이 여러 축을 기준으로 회전하거나 굽혀진다. 이를 기준으로 세어보면 대략 23에서 27개의 자유도가 필요한 것으로 계산된다.) 따라서 소형화·경량화·저소음화가 기술 경쟁의 핵심이라고 볼 수 있다.

덧붙여 최근 감속기 분야에서는 하모닉 드라이브(Harmonic Drive) 기술이 주목받고 있다. 이 기술은 미세한 진동까지 흡수하면서 정밀 위치 제어가 가능해, 의료용·정밀 조립용 로봇에 널리 쓰이고 있다. 구동기 및 관련 부품 제조 기업으로는 대표적으로 로보티즈(Robotis), 마이엑추에이터(MyActuator), 큐브마스(CubeMars), 리얼맨로보틱스(RealMan Robotics), 비텐스타인(Wittenstein), 콜모젠(Kollmorgen), 시냅티콘(Synapticon), 하모닉드라이브시스템(Harmonic Drive Systems), 화낙(FANUC), ABB, 야스카와(Yaskawa) 등이 있다.

다음으로 사람의 눈·코·귀·피부 역할을 담당하는 센서는 다양한 물리적 상황을 감지한 다음 이를 디지털화하여 제어기에 전달하는 역할을 한다. 통상 빛, 온도, 압력, 거리 등의 인지를 위해 카메라, 레이더, 라이더 등 다양한 센서가 기본적으로 활용된다. 그 중 휴머노이드에서 특히 중요시되는 힘-토크 센서(Force-Torque Sensor)는 이동 시 몸체의 하중과 지면 상태에 맞춰 발목의 각도를 조절하거나, 물체를 잡을 때 적절한 힘을 판단하는 등 섬세한 제어에 꼭 필요하다. 그리고 이족보행 구조에서는 고도의 균형 감각을 요구하는 만큼 가속도계·자이로스코프 등의 관성 센서를 통합한 관성측정장치(IMU)도 필요하다. 센서의 종류는 무척 다양하며, 구동기 제조 업체 중 다수의 기업이 센서도 같이 제작한다. 주요 제조 업체는 암바렐라(Ambarella), 코그넥스(Cognex), LG이노텍, 암페놀(Amphenol), 로크웰오토메이션(Rockwell Automation), 하이덴하인(Heidenhain), 키스틀러 그룹(Kistler Group), ATI Industrial Automation 등이다.

사람으로 치면 신체 기관을 움직이는 에너지를 비축하고 저장하는 역할을 하는 배터리는 휴머노이드가 오랜 시간 자유로운 이동과 움직임을 통해 다양한 과업을 수행할 수 있게 하는 중요 부품이다. 그리고 휴머노이드에 사용되는 배터리는 일반 전자기기용 배터리와 달리 고출력·고에너지밀도·안정성·경량성을 동시에 만족해야 한다. 이는 짧은 시간 안에 큰

144

전류가 필요한 다관절 구동기와 모터를 동시에 움직이기 위한 것으로 충전 속도와 열 관리 성능 또한 매우 중요하다. 현재 휴머노이드는 리튬이온(Li-ion) 혹은 리튬폴리머(Li-Po) 기반의 배터리를 사용한다. 여기에 지능형 배터리 관리 시스템(BMS_Battery Management System)이 탑재되어 온도, 전압, 전류를 지속적으로 모니터링하면서 과열이나 과방전을 방지한다. 그리고 필요 시 출력 분배를 최적화해주기도 한다. 주요 제조 기업으로는 씨에이티엘(CATL), EVE 에너지, LG 에너지솔루션, 삼성 SDI가 있다.

3)한편, 소프트웨어 분야에는 휴머노이드 개발을 위한 사전 시뮬레이션 및 테스팅·학습 플랫폼이 중요하다. 제어 알고리즘을 넘어 자율 학습과 시뮬레이션 기반 최적화가 핵심으로, 특히 실제 로봇을 투입하기 전, 가상 환경에서 물리적 충돌·균형·동작 효율을 테스트하는 시뮬레이션은 개발 비용 절감의 필수 단계로 통한다.

엔비디아의 로봇 시뮬레이션 플랫폼 아이작(Isaac)은 실제 로봇 투입 이전에 시뮬레이션을 통해 다양한 동자을 테스트하고 사전에 성능 점검을 할 수 있게 도와준다. 그리고 앞에서도 설명한 적 있는 코스모스(Cosmos)는 물리 세계의 현상과 환경 변화를 반영한 다양한 모션용 학습 데이터를 생성하고 학습할 수 있는 플랫폼이다. 이처럼 시뮬레이션-리얼리티 통합 학습(Sim2Real) 기술은 향후 범용 자율형 휴머노이드 개발의 촉매제가 될 것이다. 또한 현재 엔비디아 외에 유니티(Unity), 구글 딥마인드, 보스턴 다이나믹스 등도 휴머노이드 학습 플랫폼 구축을 위한 시뮬레이션 엔진을 보유하거나 개발 중이다.

지금까지 휴머노이드의 역사부터 시작해서 현재 기술 현황과 주요 플레이어 등을 정리해보았다. 휴머노이드 산업은 단순히 로봇 제조 영역에 머물지 않고, AI 칩·소프트웨어·소재·에너지·통신 인프라 등 복수의 첨단 산업과 융합되고 있다. 그리고 상용화가 본격적으로 진행된다면, 휴머노이드 전용 OS와 표준 통신 프로토콜, 그리고 로봇 간 데이터 공유를 위한 휴머노이드 네트워크 생태계(Humanoid Network Ecosystem) 구축은 본격화될 것이다.

4장.

양자컴퓨팅:
미래 산업 및 국가 경쟁력의
게임체인저

"빅테크간 경쟁의 심화로 기술 개발이 가속화되는 만큼 앞으로 3~5년 이내에 실용적 양자컴퓨터의 등장이 가능하다." "큐비트 수 증가와 오류율 감소 등 넘어야 할 산이 아직 많기 때문에 유용한 양자컴퓨터의 출시까지 최소 15년~30년은 더 걸릴 것이다."

맨 앞은 빌 게이츠, 그 다음은 젠슨 황의 발언이다. 지금의 IT 세상을 만든 두 구루는 최근 미래 산업의 판도를 뒤흔들 혁신 기술로 양자컴퓨팅을 주목한다. 하지만 실용화 시점에 있어서는 아직 의견이 분분하다. 그럼에도 기존 슈퍼컴퓨터로도 해결할 수 없었던 난제를 순식간에 해결할 수 있다는 잠재력 만큼은 모두가 인정하는 바이다.

더는 미래의 기술이 아니라 가까운 시일 내에 실질적 비즈니스 가치를 창출할 잠재력을 가진 분야로 인식되고 있는 만큼, 양자 컴퓨팅 기술은 학계와 전문 연구기관은 물론이고, 대규모 민간 자본의 적극적인 참여로 빠르게 성장 중이다.

1.
기존 컴퓨터의 한계와 양자컴퓨터의 등장

양자컴퓨팅은 미시 세계의 물리 법칙인 양자역학의 원리를 활용하여 정보를 처리하는 새로운 패러다임의 컴퓨팅 기술이다. 현시점에서 많은 이들이 양자컴퓨팅에 대해 관심을 보이고 기대를 거는 이유는 이 기술이 현재의 컴퓨터가 봉착한 한계점을 뛰어넘어 우리에게 닥친 난제를 해결해줄 열쇠가 될 수 있다고 믿기 때문이다.

1950년대에 전류의 흐름에 따라 0과 1의 형태로 표현되는 비트(bit)의 개념이 반도체로 구현되면서 컴퓨팅 기술은 비약적으로 발전했다. 이후 컴퓨터가 점차 가전화, 소형화되면서 수십억 개의 미세 반도체가 실리콘으로 만든 웨이퍼 위에 정밀하게 구현된 회로를 따라 촘촘하게 배치되었다. 현재는 개별 반도체의 크기가 DNA 분자 하나의 굵기에 불과한 1~2nm(나노미터, 10억 분의 1미터) 크기만큼 작게 구현될 정도로 집적화가 이뤄졌다.

그런데 1980년대에 물리학자 리처드 파인만(Richard Feynman)은 기존 컴퓨터의 한계점을 제시했다. 예를 들어, 전자의 이동을 통한 전기 신호를 비트로 표현하려면, 반도체가 전자의 흐름을 잘 컨트롤할 수 있어야 하는데, 트랜지스터 크기가 원자 수준에 가까워지면 전자가 절연막을 멋대로 통과하는 양자 터널링(quantum tunneling) 현상이 발생한다는 것이었다. 이 현상은 전자의 흐름을 정확히 제어하기 어렵게 만들어, 계산 오류가 잦아지는 결과를 낳게 된다.

그래서 파인만은 새로운 개념의 컴퓨팅 시스템을 제시했다. 바로 0과 1의 비트로 정보를 처리하는 기존 컴퓨팅 기술에서 벗어나, 0과 1 그리고 양자역학의 확률적 중첩(superposition) 상태를 같이 포함하여 정보를 처리하는 기술이다. "전자를 통제하기 어렵다면 오히려 양자적 특성(중첩, 얽힘 등)을 적극적으로 이용하자"는 생각이 그 출발점이었다. 이런 특징을 활용하게 되면, 동시에 여러 경우의 수를 계산할 수 있어 기존 컴퓨터가 수천 년에 걸처서 풀어야 할 복잡한 문제도 짧은 시간에 해결할 수 있다.

당시에는 이론적으로만 존재했지만, 현대에 들어와서 기술적으로 구현이 가능해지면서, 양자컴퓨팅은 미래를 바꿀 혁신적 기술로 평가받고 있다. 1998년 IBM이 최초로 2큐비트의 원시적 양자컴퓨터를 개발한 이후 기술 발전이 계속 진행되었고, 2011년에는 세계 최초의 상용 가능 양자컴퓨터로 평가받는 디웨이브원(D-Wave One)이 출시되었다. 이 장치는 양자어닐링(quantum annealing)이라는 방식을 사용해, 복잡한 최적화 문제를 빠르게 해결할 수 있도록 설계됐다.

이후 시간이 지나면서 양자컴퓨터의 상업화 가능성이 확인됨에 따라 다양한 알고리즘을 수행할 수 있는 범용 양자컴퓨터 개발을 위한 주도권 경쟁이 본격화되었다. 2019년 구글은 기존 슈퍼컴퓨터보다 높은 효율성을 확보했다는 양자컴퓨터 시카모어의 개발을 발표하고, 과학 학술지 네이처(Nature)에 기존의 슈퍼컴퓨터로 1만 년이 걸릴 연산을 53개의 큐비트를 사용해 200초 만에 해결 가능하다는 내용의 논문을 게재했다. 이에 대해 IBM 등에서는 "실제 계산 효율을 과장했다"는 반론도 제기했지만, 제한적이나마 양자컴퓨팅의 계산 우위 가능성을 실험적으로 시연해 낸 사례로 평가받고 있다.

2020년 이후에는 IBM과 구글을 포함한 다른 빅테크 기업(마이크로소프트, 아마존, 인텔 등)이 기술적으로 개선된 최신형 칩을 속속 출시하며 시장의 기대를 높였다. 일찌감치 양자컴퓨팅 시장에 뛰어든 IBM은 2023년 12월 최신형 프로세서 퀀텀 헤론(Quantum Heron)을 출시했다. 구글은 2024년 12월, 양자 컴퓨터의 고질적 문제인 오류율을 대폭 개선했다는 양자 프로세서 윌로우(Willow)를 공개했다. 2025년 2월에는 마이크로소프트가 양자 프로세서 마요라나(Majorana) 1을 발표했고, 아마존도 오셀롯(Ocelot)이라는 신형 칩을 공개했다.

현재 양자컴퓨터는 여전히 실험적이고, 대규모 상용화까지는 꽤 많은 시간이 필요할 것으로 보이지만, 개발 속도는 예상보다 훨씬 빠르다. 여전히 엇갈리는 견해들을 바탕으로 논쟁이 지속하고 있지만, 다수의 전문가는 2030년 전후에 양자컴퓨터의 실질적 상용화가 시작될 것으로 전망하고 있다. 하지만 막대한 자금력으로 무장한 빅테크들의 투자와 기술개발이 가속화되고 있는 만큼, 상용화 시기가 예상보다 더 빨리 앞당겨질 것이라는 전망도 만만치 않다. 양자컴퓨팅이 앞으로 혁신을 주도할 새로운 기술이 될 수 있고, 관련 기업들은 기술 성장주로서 가치를 발휘할 수 있을지 여부는 앞으로 눈여겨볼 대목이다.

2.
신기하지만 헷갈리는 양자컴퓨팅 원리

양자컴퓨터에 대한 이해가 어려운 이유는 정보 처리 방식이 난해하고 추상적인 양자 역학에 기반을 두고 있기 때문이다. 양자역학은 미시적인 세계를 다루는 과학 이론으로 우리의 직관이나 기본적인 상식과 상반되는 내용이 많다. 그렇다 보니 학자들마저 난해함을 호소한다. 양자컴퓨팅의 선구자인 리처드 파인만도 대학에서 강연 도중 "내가 단언할 수 있는 건 아무도 양자역학을 이해 못 한다는 것이다"라는 말을 남길 정도였다.

양자컴퓨터와 기존(현대) 컴퓨터는 정보 처리 방식 자체가 완전히 다르다. 기존 컴퓨터는 정보를 0과 1의 '비트'(bit)

로 표현해 2진수로 나타내고, 이보다 더 복잡한 표현은 비트 수를 늘린다. (예를 들어 숫자 7은 2진수에서 3비트로 표시 할 수 있다.) 즉 스위치가 켜지면 1, 꺼지면 0인 이 단순한 구조를 여러 번 반복하여 복잡한 숫자를 표현하고 연산을 해내는 방식이다. 이처럼 기존 컴퓨터는 주어진 문제의 해답을 찾을 때 가능한 값들을 직접 대입하여 정답 여부를 확인해 나가는 방식으로 작동한다. 반면, 양자컴퓨터의 기본 단위는 '큐비트'(qubit)다. 큐비트는 0일 수도 있고 1일 수도 있지만, 동시에 0이면서 1인 상태를 가질 수도 있다. 앞에서도 얘기했지만, 이를 중첩이라고 말한다. 굳이 비유하자면, 손바닥 위의 동전은 우리 눈에는 앞 또는 뒷면으로만 보이지만, 엄지로 튕겨 공중에 떠 있는 동안에는 향후 내 손바닥 위에 앞면 혹은 뒷면이 보일 가능성이 확률적으로만 존재한다는 것과 유사하다. 이 상태에서 양자컴퓨터는 여러 경우의 수를 동시에 계산한다. 그래서 기존 컴퓨터보다 훨씬 적은 시간에 답을 구할 가능성이 생긴다.

그림으로 표현하면, 기존 컴퓨터는 0~7 사이의 어떤 값을 무작위로 찾을 때 최대 2^3 = 8번의 순차적인 연산을 필요로 한다. 하지만 양자 컴퓨터는 0과 1의 가능성이 중첩되어 존재하는 3개의 큐비트를 가지고 동시에 특수한 연산을 수행한다. 중첩상태에서는 여러 가능성이 동시에 계산되지만 연산을 통해 특정한 비트열(숫자를 이진수로 표시한 것으로, 예를 들어 7은 111

분류	기존 컴퓨터	양자컴퓨터
연산 방식	정보 '0'또는 '1'을 순차적으로 연산해 많은 시간이 소요	'0'과 '1'을 중첩하여 한번에 다량의 정보를 짧은 시간에 연산
연산	'0'과 '1'을 비트 단위로 인식해 연산 - 3비트의 경우 반복 계산을 통해 8회 정보 처리	'0'과 '1'이 동시에 존재하는 양자 상태의 큐비트로 연산 - 3비트의 경우 동시 계산을 통해 1회 정보 처리

기존 컴퓨터와 양자 컴퓨터의 정보처리 특성 비교
(한국과학기술기획평가원, 정보통신기획평가원, KB경영연구소 자료)

로 표시)의 확률이 높아지게 되고, 측정 시 이렇게 결정된 하나의 결과값을 출력한다. 이처럼 큐비트를 활용한 동시 연산기능 때문에 양자컴퓨터는 정보처리의 병렬성을 가진다고도 표현한다.

만약 구해야 하는 값이 최대 2^{80}으로 표현된다면? 지금의 컴퓨터라면 최악의 경우 1,208,925,819,614,630,000,000,000번의 순차적 연산이 필요하다. 전문가들이 말한 바로는 이 정도면 현존하는 최고 슈퍼컴퓨터라고 해도 8~9일 정도의 시간이 소요될 것이라고 한다. 하지만 80개의 큐비트를 가진 양자 컴퓨터라면 동시 연산이 가능하므로 답을 찾는 속도는 훨씬 빨라진다.(이상적으로는 연산 후 측정된 단 1회의 결과 값만으로도 높은 확률의 답을 얻을 수 있겠지만, 실제로는 여러 차례의 연산 후 측정값들을 통계적으로 처리하여 답을 찾게 된다. 그럼에도 처리 속도는 매우 빠르다.)

다만 양자 컴퓨터는 기존 컴퓨터처럼 확인된 결과 값을 출력하는 것이 아니라, 중첩 상태의 큐비트들 중 사전에 짜 놓은 판별 알고리즘을 통해 정답 후보를 찾고, 간섭(interference)을 통해 정답 후보의 진폭을 높인다. 이 작업을 반복하여 결국은 '정답일 확률이 가장 높은 값'을 도출한다. 그런데 이때 정답일 확률이 가장 높은 값을 도출한다는 의미는 반대로 도출된 값이 오답일 가능성이 있음을 뜻한다.

양자컴퓨터는 아직 완벽하지 않다. '중첩' 상태에서는 외부의 진동이나 열, 전자기파 등에 쉽게 영향을 받기 때문에 결과 값이 틀릴 확률(오답률)이 항상 존재한다. 그래서 연구자들은 오답률을 줄이기 위해 더 정교한 알고리즘 설계, 간섭 효과를 오래 유지하는 기술, 반복 연산으로의 확률 검증 같은 방법을 계속 연구 중이다. 향후 이러한 기술이 안정화되면, 양자컴퓨터는 지금의 슈퍼컴퓨터로는 불가능한 신약 개발, 기후 예측, 암호 해독 같은 복잡한 문제의 해결 가능성도 높아진다.

3.
양자컴퓨팅 기술의 본질과 당면 과제

"양자컴퓨터는 기존 컴퓨터보다 수만 배 빠르다. 양자컴퓨터가 조만간 상용화되면 개인 정보가 담긴 포털사이트나 은행 계좌의 해킹은 물론이고, 전자 지갑 속 비트코인이 하루아침에 사라질 위험에 처할 수도 있다."

양자컴퓨터가 화제로 떠오르면서 이런 괴담과 같은 내용이 마치 진실인 것처럼 최근까지도 떠돌았는데, 이는 양자컴퓨팅 기술에 대한 오해에서 비롯된다.

앞서 우리는 양자컴퓨터는 기존 컴퓨터로 오랜 시간이 걸리거나 사실상 불가능했던 특정 유형의 복잡한 문제를 훨씬 빨리 해결할 수 있다고 배웠다. 여기서 하나 더 짚을 것은 '특정 유형의 문제'라는 것이다. 즉 현재 기존 컴퓨터로 하던 워드나 엑셀, 게임, 그래픽 작업 등은 현재의 양자 컴퓨터로 구현이 불가능하고, 설령 미래에 가능하더라도 효율성은 기존 컴퓨터에 비해 크게 떨어진다.

그렇다면 양자컴퓨터는 어떤 작업에 유용할까? 바로 ①무수히 많은 예상치 중 최적의 값을 찾아내거나 ②현재의 암호 체계 해독에 주로 사용되는 엄청나게 큰 숫자를 소인수 분해하거나 ③다양한 자연 현상들을 예상해 내기 위한 시뮬레이션이 필요한 작업 등에 유용하다.

예를 들어, 1천 비트의 숫자(십진수로 300자리 정도)로 이루어진 암호를 소인수 분해하려면 현존하는 최고의 슈퍼컴퓨터로도 최대 100만 년이 걸린다고 한다. 하지만 1천 큐비트를 안정적으로 구현하는 양자컴퓨터가 나온다면 하루가 채 걸리지 않을 수 있다고 전문가들은 분석한다. 이처럼 기존 컴퓨터로는 현실적으로 풀 수 없는 문제를 양자 컴퓨터가 해결해 낸다는 의미를 '양자 우위'(Quantum Supremacy)라는 단어로 정의한다. 다만, 이를 위해서는 아직 기술적으로 해결해야 할 큰 장벽들이 남아있다 보니, 실험 공간이 아닌 실생활에서 양자 우위가 달성된 사례는 아직 찾을 수 없다. 앞에서 언급한 암호 해킹이나 암호 화폐 소멸 등의 우려 또한 아직은 요원한 일이다.

양자컴퓨터의 본격적 상용화 시점에 대해서는 현재 논란의 여지가 많다. 영향력 있는 인물들 사이에서도 전망이 엇갈린다. 신중한 분석가들의 말을 빌리면, 상용화를 위해서는 기술의 우월성과 신뢰성 확보가 중요함을 강조한다. 이를 위해서는 큐비트 수의 증가와 오류율 감소를 위한 기술의 고도화가 필요하다.

이에 대해 얘기하기에 앞서, 먼저 큐비트를 어떻게 만들 수 있는지, 어떤 방법이 있는지부터 살펴보자.

가장 효율적인 큐비트 생성 및 제어 방식은?

양자컴퓨팅 기술의 관건은 양자 알고리즘을 통한 연산을 물리적으로 구현해 내는 것이다. 기존 컴퓨터에서는 반도체를 활용해 전류의 흐름을 0과 1의 신호로 인식하여 연산하고 결과를 출력하듯, 양자 컴퓨터에서는 인위적으로 중첩 상태의 큐비트를 생성한 다음 그 상태를 변환해 정보를 처리한다. 따라서 정확도 높은 정보 처리를 위해서는 물리적으로 큐비트를 구현한 다음 안정적으로 유지하는 것이 중요하다. 하지만 양자 상태인 큐비트는 기술적으로 구현하기도 어렵고, 열과 빛이나 온도 등의 환경 변화에 중첩 상태가 쉽게 깨진다.

현재 큐비트 구현과 유지를 위해 주로 활용되는 방식은 여

방식	핵심기술	장점	단점
초전도 방식	극저온 상태에서 구현된 초전도체에 흐르는 전류의 방향 등을 이용하여 양자 중첩상태의 큐비트 생성	빠른 속도(10억분의 1초 단위) 기술 高확장성 (반도체 기술 응용)	극저온 상태 구현 필요 중첩상태 유지시간이 비교적 짧은 편
이온트랩 방식	진공 중에 레이저를 쏘아 이온입자를 잡아두는 방식으로, 이때 이온 상태를 큐비트로 구현	큐비트 제어 용이(정확도,안정성 향상) 중첩상태 유지기간이 비교적 긴 편	초진공상태 구현 필요 느린 속도(백만분의 1초 단위) 복잡한 시스템
광자 방식	빛의 입자인 광자를 포획하고, 광자의 양자역학적 상태(편광,경로)를 조작하여 큐비트 생성	상온에서 작동 가능 빠른 연산속도 구현 가능	큐비트 (얽힘)유지, 제어가 어려운 편 광자의 손실에 따른 오류율 증가
실리콘 스핀 방식	실리콘 반도체 안의 개별 전자의 스핀을 큐비트로 사용하고, 게이트 전압을 통해 스핀의 상태를 제어	대량 생산 및 확장성 우수 상대적으로 높은 온도에서도 작동 코히어런스 유지기간 긴 편	제작 및 제어, 초기화의 기술적 어려움이 큰 편
위상학적 방식	물질&반물질 특성을 동시에 가지는 마요라나 페르미온을 인위적으로 생성, 큐비트로 활용	큐비트 상태 유지에 있어서 안정성 매우 높을 것으로 기대	극저온 상태 구현 필요 입자의 인위적 생성을 위한 높은 기술적 난이도

양자컴퓨터의 큐비트 구현 방식
(KISTEP, 과학기술정보통신부, 미래에셋증권, KB경영연구소 자료)

러 가지가 있다. 전기를 만드는 방법이 화력, 수력, 태양광 등
으로 다양한 것처럼 큐비트를 만드는 방식도 기술마다 다르
다고 이해하면 된다. 대표적으로 아래와 같이 초전도 방식, 이
온트랩 방식, 광자 방식이 주로 활용되고 있으며, 반도체 원료
인 실리콘 등을 활용하는 방식도 주목받고 있다. 최근에는 위
상학적 접근 방식도 연구되고 있다. 하나씩 간단히 살펴보자.

1)우선 초전도 방식은 금속 초전도체로 큐비트를 생성하는
방식으로 IBM, 구글 등 주요 기술 기업에서 많이 사용하며,
현재 가장 보편화된 방식으로 평가받는다. 하지만 초전도체
특성상 영하 273℃ 부근의 극저온 환경에서만 작동한다. 따
라서 고성능의 냉각 시스템이 필요하고, 이를 유지하는 비용
에 돈이 많이 든다.

2)이온트랩 방식은 공기 중에 원자(이온)를 띄워서 큐비트
로 쓰는 방법이다. 레이저를 이용해 원자 하나하나를 공중에
가두고 조종한다. 그래서 계산이 매우 정확하고 안정적이라는
장점이 있다. 다만 회로 구동 속도가 떨어지며 큐비트의 숫자
를 늘리는 데 어려움이 있다. 게다가 이온이 공중에 잘 떠 있
으려면 진공 상태를 잘 유지해야 하는데, 이를 위한 장비가 복
잡하다. 즉 정확하지만 환경 구현 및 유지가 어렵다.

3)광자 방식은 빛의 입자인 광자를 포획해 큐비트를 생성
하는 방법이다. 광자는 아주 빨라서 정보 전송 속도가 빠르고

상온에서 안정적으로 동작한다. 반면 빠르고 미세한 광자를 포획하고 제어하기가 매우 어렵다는 단점이 있다.

4)실리콘 스핀 방식은 실리콘 반도체에서 개별 전자의 스핀을 큐비트로 활용하는 방법이다. 기존 반도체 산업과 호환성이 높아 대량 생산과 확장성 측면에서 유리하며, 상대적으로 높은 온도에서 작동 가능하다는 장점을 가진다. 반면 스핀 상태를 정밀하게 제어하거나 초기화하는 데 기술적 어려움이 크다.

5)위상학적 방식은 자연에서 기본 입자로 확실히 관측된 적은 없지만 이론적으로 예측된 마요라나 페르미온의 성질을 따르는 마요라나 준입자를 큐비트로 활용한다. 아직 실험 단계지만, 오류에 강하고 안정성이 높을 것으로 기대되어 '꿈의 기술'로 불린다. 다만 이런 준입자를 인위적으로 만들어 안정적으로 제어하는 것 자체가 매우 까다로운 기술이다.

이외에도 양자컴퓨터에서 큐비트를 구현하는 다양한 방법이 연구 및 개발 중이다. 하지만 앞서 살펴본 것처럼 이들 기술은 안정성, 확장성, 오류율 등에서 각각 장단점이 있는 만큼, 향후 어떤 기술이 업계 표준으로 자리 잡게 될지는 쉽게 속단할 수 없다. 기술 개발 동향 및 경쟁 상황을 계속해서 살필 필요가 있다.

큐비트 수 증가와 오류율의 감소, 두 마리 토끼를 잡아라

큐비트를 생성하고 유지하는 데 어떤 방법이 있는지 살펴보았다. 이제 본격적으로 양자컴퓨터의 성능을 결정짓는 가장 큰 기술인 큐비트 수를 늘리는 문제와 오류율을 낮추는 문제에 대해 살펴보자. 물론 이 문제를 해결하는 데에도 앞서 살펴본 기술이 활용된다.

슈퍼컴퓨터를 뛰어넘는 양자 우위를 위해서는 큐비트의 수가 많아져야 한다. 특히 최적화 문제를 풀 때는 양자가 가지고 있는 얽힘(entanglement)현상을 통해 서로 연결된 큐비트들이 동시에 영향을 주고받으며 연산의 효율성을 높여야 한다. 그런 만큼, 큐비트 수가 곧 양자 컴퓨팅 성능의 1차 필요조건이 된다.

그럼 양자 우위 달성을 위해 필요한 양자컴퓨터의 큐비트 개수는 얼마나 될까? IT 시장조사 업체 욜 디벨롭먼트에 따르면 현존하는 슈퍼컴퓨터 이상의 연산을 위해서는 50~100개 이상의 큐비트가 필요하다고 한다. 만약 은행에서 주로 쓰는 암호체계인 RSA-2048(정부 기관, 은행 등에서 사용하는 매우 강력한 보안 수준)을 해독하려면 5천 개 이상, 신약 개발 등 고난이도 연산에는 1만 개 이상의 큐비트가 필요할 것으로 추정하였다.

다만 여기서 말하는 큐비트는 연산과 오류 보정을 모두 거

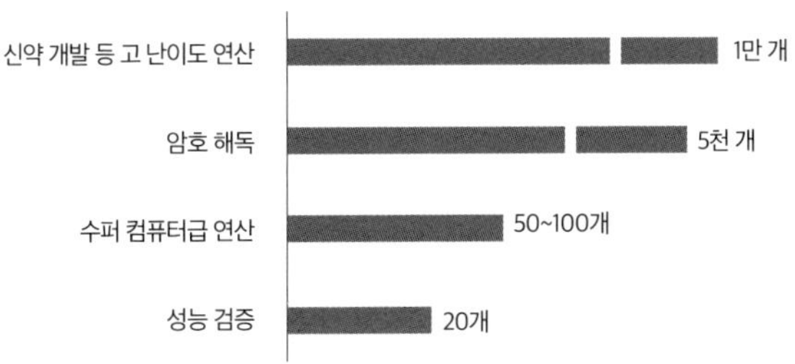

양자컴퓨터 활용 분야별 필요 (논리적)큐비트 수
(욜 디벨롭먼트_Yole Development, KB경영연구소 자료)

처 최종적으로 구현된 논리적 개념을 의미한다. 즉 현재 하나의 논리적(개념) 큐비트를 안정적으로 구현하기 위해서는 최소 수십 개에서 수백 개의 물리적(실제) 큐비트가 필요하다. 물리적 큐비트는 매우 예민해 연산 오류가 자주 발생하는데, 이 문제를 해결하기 위해서는 여러 개를 묶어 일부가 틀리더라도 나머지가 보정하도록 하는 '집단 보정 시스템'을 사용해야 한다.

하지만 현재 출시된 양자컴퓨터들은 이러한 요구 수준에 턱없이 미치지 못한다. IBM은 2023년에 1,121큐비트로 구성된 양자프로세스 콘도르(Condor)를 공개했다. 다만 이는 물리적(실제) 큐비트이며, 실제로 안정적으로 계산에 활용할 수 있는 논리적(개념) 큐비트 하나를 구현하려면, 환경에 따라 수십 개에서 수천 개의 물리적 큐비트가 필요하다. 구글이 2024년에 발표한 최신 칩 윌로우는 그들이 주장하는 높은 오류율 보정 효과를 고려하더라도 105개의 큐비트를 구현해냈을 뿐이다. 실용화를 전제로 한 양자 우위 확보에는 여전히 크게 모자란 수치다.

이외에도 양자 컴퓨터 기술 상용화의 또 다른 장벽은 계산상 오류율을 어떻게 개선할 것인가의 문제다. 아무리 연산을 빨리한다고 해도 오류가 잦아 틀린 답만 내 놓는다면 무용지물인 만큼, 오류를 최대한 낮추는 노력이 필요하다. 이 문제를 해결하기 위한 가장 표준화된 접근 방식은 여러 개의 물리적(실제) 큐비트를 얽힘 형태로 묶어 하나의 논리적(개념) 큐비트로 재구성하는 방식이다. 즉 일부 물리적 큐비트에 오류가 생겨도 다른 큐비트들을 통해 상호 간에 지속적으로 점검하고 정정하여 오류율을 떨어뜨리는 것이다.

실제로 구글이 2024년 12월에 공개한 양자컴퓨팅 칩 윌로우는 큐비트들이 서로의 오류를 자체적으로 보정할 수 있는 구조를 갖추고 있어, 큐비트 수가 증가할수록 전체적인 오류율이 상대적으로 감소하는 특성을 보인다. 다만 앞서 본 것처럼 이렇게 연산에 쓰일 논리적 큐비트 하나를 만들려면 적게는 수십 개에서 많게는 수천 개의 물리적(실제) 큐비트가 동원되어야 한다. 그래서 오류 정정이 충분히 된 논리적(개념) 큐비트를 1,000개 정도 탑재한 양자컴퓨터를 만들려면, 최소 수만 개에서 경우에 따라서는 수백 만개의 물리적(실제) 큐비트를 구현하는 양자 컴퓨터가 필요하다는 결론이 나온다.

실제로 디웨이브의 어드벤티지(Advantage) 시리즈가 5,000개를 소폭 상회하는 수준의 물리적(실제) 큐비트를 구현한 것으로, 2025년 현재 최고 수준임을 감안하면 상용화를 위해서는 아직 시간이 더 많이 필요함을 알 수 있다.

현재 많은 양자 컴퓨팅 기업들이 2030년까지 수백 개의 논리적(개념) 큐비트를 가진 양자 컴퓨터 출시를 목표로 하고 있지만, 불확실성은 여전히 높다.

4.
양자컴퓨팅 기술로 인해 변화되는 미래

그간 반도체 기반의 기존 컴퓨터는 매년 성능을 개선해왔지만, 무어의 법칙이 한계에 다다르면서 더는 속도 향상만으로는 복잡한 문제 해결이 쉽지가 않다. 특히 시뮬레이션, 최적화, 예측처럼 수많은 변수와 방정식을 동시에 처리해야 하는 문제는 기존 컴퓨터 구조로는 해결 속도와 에너지 효율에서 성능이 급격히 떨어진다. 예컨대 신약 후보 물질의 반응 경로를 계산하거나 글로벌 공급망의 물류 네트워크를 최적화하는 문제는 경우의 수가 천문학적으로 많아, 슈퍼컴퓨터조차 몇 달 혹은 몇 년이 걸려야 풀 수 있다. 그러나 충분한 수의 큐비트가 구현되고 오류율이 획기적으로 낮아진 양자컴퓨터라면 이러한 복잡한 계산을 단 몇 시간, 혹은 몇 분 안에 수행할 수 있다. 지금부터 양자컴퓨터가 만드는 미래에 대해 살펴보자.

계산 능력의 한계를 극복하다

양자컴퓨터가 본격적으로 실용화되면, 산업 전반에서 '계산 능력의 한계'로 미뤄졌던 혁신이 한꺼번에 터져 나올 것으로 예상된다. 먼저, 바이오 분야에서는 복잡한 화학 반응 및 물질 구조, 약물의 효능 등을 빠르게 예측하고 평가하여 최적의 후보 물질을 탐색해야 하는데, 이 시간을 크게 단축할 수 있다. 현재 신약 개발에는 평균 10년 이상, 몇조 원의 비용이 들지만, 양자컴퓨팅이 도입되면 분자 단위의 상호작용을 정밀하게 모델링할 수 있어, 기간과 비용을 획기적으로 줄일 수 있다.

신소재 개발에서도 마찬가지다. 새로운 배터리 소재, 반도체, 초전도체 같은 고성능 재료의 분자 구조를 양자 수준에서 직접 시뮬레이션함으로써, 기존의 '실험→검증→수정'의 반복 과정을 상당 부분 줄일 수 있다.

또한 물류, 교통, 에너지 자원 관리와 같은 대규모 최적화 문제에서도 능력을 발휘한다. 글로벌 항공사나 택배 회사는 하루에도 수십만 건의 경로를 계산해야 하는데, 이는 도시, 시간, 연료비, 인력 등 수많은 제약 조건이 결합된 고차원 문제다. 이 또한 양자컴퓨팅이 도입되면 모든 경로 조합을 동시에 탐색함으로써 기존보다 훨씬 효율적인 해답을 제시할 수 있다. 이는 곧 운행 비용 절감, 연료 사용량 감소, 탄소 배출 저감으로 이어진다.

AI를 통해 상상해 보는 미래의 모습 _ 2045년, 양자컴퓨터가 이뤄 낸 세상의 변화

출근 후 신짱구(45)는 부장님으로부터 최근 10년간 양자컴퓨터의 상용화로 인한 세상의 변화를 사례별로 정리해 오라는 명령을 받는다. AI 사원 '뭉치'에게 이 일을 명령하자 최근에 일어난 5가지 이벤트들을 정리하여 짱구에게 보여주었다.

1. 자연재해, 미리 알고 대응하는 시대: 진도 7의 강진이 일본 남동부를 덮쳤으나 양자 컴퓨터가 기상 및 지질 데이터를 시뮬레이션한 결과 한 달 전에 이를 예측하고 대비, 인명 및 재물피해 '0'에 수렴

2. 내연기관 자동차의 사실상 종말: 양자컴퓨터가 원자 단위로 후보 물질을 시뮬레이션해 기존의 5배 이상 효율을 내는 2차전지 소재 발견 및 생산, 한 번 충전으로 2,000km 주행하는 전기차 등장

3. 희귀병 및 불치병 없는 시대의 도래: 양자컴퓨터가 분자 구
   조 및 단백질 상호작용을 빠르고 저렴하게 시뮬레이션해
   신약 생산 기간과 비용을 95% 이상 절감, 희귀병과 난치병
   치료제 개발 및 공급 확대

4. 농업 생산성의 극대화와 식량 문제 해결: 양자컴퓨터가 기
   후 변화에 따른 최적의 농작물 품종 개발, 맞춤형 비료 사
   용량 최적화를 통해 식량 생산량을 2배 이상 증가, 글로벌
   기아 인구 급감

5. 사전 예방으로 질병 없는 세상의 구현: 양자컴퓨팅과 융합
   된 AI가 개인의 혈액 및 소변 샘플만으로 생체 데이터를 양
   자 수준에서 분석, 개인의 건강 상태와 미래에 발생 가능한
   질병을 알려주고 대응

양자컴퓨터가 만드는 5대 혁신 분야

양자컴퓨팅으로 혁신이 기대되는 분야를 다섯 가지로 나눠
서 하나씩 살펴보자. ①금융(리스크 분석 및 포트폴리오 최적화) ②
제약·바이오(신약 개발 및 단백질 구조 분석) ③국방 및 보안(양자
암호 및 보안 기술 적용) ④기후 연구(기상 예측 및 기후 변화 모델링)
⑤화학·재료공학(신물질 개발) 등이다.

1)금융은 가장 먼저 실용화될 가능성이 높은 분야 중 하나다. 금융 시장은 수많은 변수(금리, 환율, 주가, 신용 리스크 등)가 얽혀 있어 복잡한 시뮬레이션이 필수다. 기존의 금융 모델은 이러한 요소들을 선형적으로 단순화했지만, 양자컴퓨터는 비선형적 상호작용을 그대로 계산할 수 있다. 예를 들어, 글로벌 투자 포트폴리오에서 위험 대비 수익률을 극대화하는 조합을 찾는 일은 기존 컴퓨터로는 계산량이 폭발적으로 늘어나지만, 양자 알고리즘을 활용하면 수많은 투자 시나리오를 동시에 평가할 수 있다.

JP모건체이스, 골드만삭스, 바클레이스 같은 대형 금융사들은 이미 IBM, 아이온큐 등과 협력해 양자 기반 리스크 평가 모델을 실험 중이다. 장기적으로는 실시간 시장 변동을 반영하는 '양자 금융 엔진'이 구현될 가능성도 있다.

2)제약은 분자 간 상호 작용을 이해하는 것이 핵심이다. 그러나 단백질이나 약물 후보 분자는 원자 수만 수백에서 수천 개에 달하며, 이들의 결합 형태를 정확히 계산하려면 천문학적인 연산이 필요하다. 양자컴퓨터는 이러한 분자들의 전자 구조를 양자 수준에서 직접 계산할 수 있기 때문에 약물이 체내에서 어떻게 작용할지를 시뮬레이션할 수 있다. 이는 임상 전 단계에서 효과가 없거나 부작용이 큰 후보를 미리 걸러낼 수 있다는 뜻이 된다.

실제로 구글과 로슈, 머크 등 글로벌 제약사들은 양자 알고리즘을 신약 후보 탐색에 도입하려는 연구를 진행 중이다. 그리고 단백질이 어떤 구조로 접히는지를 예측하는 것도 양자 컴퓨팅이 성능을 발휘할 수 있는 분야다. 신약의 60~70% 이상은 체내의 특정 단백질과 결합하여 작용한다. 따라서 단백질의 구조를 알아야만, 약물이 단백질의 기능을 조절할 수 있는지를 계산할 수 있다.

3)국방 및 보안에서 암호 체계를 유지하거나 반대로 무력화하는 일은 매우 중요한 일이다. RSA-2048 같은 공개키 암호를 수천 큐비트급 양자컴퓨터가 수 시간 내에 해독할 수 있게 된다면, 이는 엄청난 사회적 위협이 된다. 따라서 군사 및 보안 분야에서는 이를 막기 위한 양자 내성 암호(Post-Quantum Cryptography) 개발이 활발하다. 또한 복잡한 전략 시뮬레이션, 미사일 궤적 예측, 전자파 간섭 해석 등에서도 양자컴퓨팅이 실력을 발휘할 수 있다.

미 국방부와 유럽우주국은 이미 양자 알고리즘을 이용한 복합 위성 항법 및 암호화 통신 프로젝트를 진행 중이다. 향후에는 양자 네트워크 기반의 초보안 통신 체계가 구축되어 군사 및 외교 영역의 게임 체인저로 작용할 가능성이 높다.

4)지구의 기후 변화는 수많은 변수를 포함하고 있다. 대기, 해양, 토양, 에너지 순환 등 서로 얽힌 시스템을 동시에 계산

해야 하기에 현재의 슈퍼컴퓨터로도 정밀한 예측에는 한계가 있다. 양자컴퓨팅은 이를 전체적으로 모델링하고, 기후 요소 간 상호작용을 시뮬레이션할 수 있는 능력을 제공할 수 있다. 예를 들어, 태풍의 이동 경로나 탄소 순환 과정, 대기 중 미세입자 확산 등을 정밀하게 계산해 기후 변화의 세부 패턴을 빠르게 분석할 수 있다. 이런 분석 결과는 정책 입안, 도시 설계, 재난 대응 시스템에 활용된다.

5)화학·재료공학에서 가장 중요한 신소재 개발은 물질의 전자 껍질 구조나 분자 간 결합 상태를 분석하는 과정을 필요로 한다. 양자컴퓨터는 이 과정의 복잡한 계산을 근본 수준에서 수행할 수 있다. 예컨대 차세대 배터리, 초전도체, 탄소 포집 물질, 촉매 반응 소재 등을 분자 단위에서 설계하고 최적화할 수 있다.

IBM과 토요타는 양자컴퓨팅을 활용해 리튬이온 대체 전고체 배터리의 분자 안정성 연구를 진행하고 있으며, BP와 쉘 같은 에너지 기업도 이산화탄소 포집용 금속 유기구조체(MOF)의 설계를 양자 시뮬레이션으로 실험 중이다.

이어지는 글에서는 양자컴퓨팅의 밸류체인을 분석하고 핵심 플레이어를 살펴보고자 한다. 아직은 인공지능과 휴머노이드에 비해 실체가 많이 부족한 만큼 지금의 분석과 주도주가

미래에는 바뀔 가능성도 상당히 높다는 것도 꼭 염두에 둘 필
요가 있다.

5.
양자컴퓨팅 산업 구조와 핵심 플레이어

양자컴퓨팅은 아직 상용화 이전의 기술 개발 단계에 있다. 상용화 이후 예상되는 시장의 형성 및 발전과 그로 인해 구성될 밸류체인을 추정해 볼 때, 양자컴퓨팅 산업은 크게 ①하드웨어 개발, ②클라우드 서비스, ③소프트웨어 개발 및 서비스로 구분할 수 있다.

양자컴퓨팅 밸류체인

1)하드웨어 개발 및 제조 업체는 양자컴퓨터를 구축하고

유지 관리하는 데 필요한 장치를 설계하고 만드는 기업을 의미한다. 현재 양자컴퓨팅 유형은 앞에서도 살펴본 것처럼 큐비트 구현 방식(초전도, 이온트랩, 광자, 반도체 스핀, 위상학적 등)별로 구분되며, 각 기업은 자신의 방식을 글로벌 스탠다드로 선점하고자 치열한 경쟁을 벌이고 있다.

하드웨어 분야는 초정밀 부품, 극저온·초진공 시스템, 제어회로, 냉각·차폐 인프라 등이 복합적으로 조합되어야 한다. 그래서 진입 장벽이 높고 양산 체계가 갖춰지기 전까지는 비용 구조가 매우 크다. 그럼에도 많은 기업이 하드웨어 경쟁에 집중하는 이유는 선점 시 양자컴퓨터 생태계에서 영향력이 커지고, 이후 클라우드·소프트웨어로까지도 확장할 수 있기 때문이다.

대표 기업으로는 초전도 방식을 쓰는 리게티 컴퓨팅(Rigetti Computing), 디웨이브퀀텀(D-Wave Quantum), IBM, 구글 그리고 이온 트랩 방식을 쓰는 아이온큐(IonQ), 퀀티넘(Quantinuum) 그리고 광자 방식을 쓰는 제너두(Xanadu), Psi퀀텀(PsiQuantum) 등이 있다. 그리고 우리에게 익숙한 인텔은 실리콘을 활용한 스핀 큐비트 방식으로 큐비트를 구현하여 주목받고 있다.

2)양자 컴퓨팅 클라우드 플랫폼 서비스(QaaS_Quantum as a Service)는 기존의 클라우드 서비스를 이용하듯 양자 컴퓨팅을 사용할 때만 구독료 혹은 이용료를 내고 사용하는 서비스를

의미한다. 클라우드 기반 서비스는 초기 투자 부담 없이 양자 컴퓨팅 기술을 활용할 수 있어 향후 보급과 상용화에 크게 기여할 것으로 예상된다.

산업 전반으로도 이들 서비스는 기업의 양자 기술 도입 장벽을 낮춰줌과 동시에 하드웨어 수요를 빠르게 확대할 수 있는 경로라는 점에서 매우 중요하다. 또한, 클라우드 플랫폼을 통해 축적되는 사용자 데이터·알고리즘 수요·사용 패턴 등은 앞으로 소프트웨어·앱 생태계 구축에 핵심 자산이 될 것이다.

주요 기업으로는 IBM(플랫폼명 IBM Quantum), 아마존(플랫폼명 AWS Braket), 마이크로소프트(플랫폼명 Azure Quantum), 리게티 컴퓨팅(플랫폼명 QCS), 아이온큐(플랫폼명 IonQ Quantum Cloud), 디웨이브퀀텀(플랫폼명 Leap Quantum Cloud Service) 등이 있다.

3)소프트웨어의 경우 양자 컴퓨터를 활용하기 위한 용도별 알고리즘, 프로그래밍 언어, 소프트웨어 제작 키트 개발 등으로 구분할 수 있다. 사용자가 여러 분야에서 쉽게 활용할 수 있도록 지원하는 소프트웨어 플랫폼과 개발 도구의 발전은 양자컴퓨팅 기술의 광범위한 채택과 확산에 필수적이다.

대표적인 기업과 소프트웨어로는 아마존(Amazon Braket SDK), IBM(Qiskit), 구글(Cirq), 마이크로소프트(Q#), 리게티 컴퓨팅(Quil, pyQuil), 제너누(PennyLane) 등이 있다.

소프트웨어는 '응용 가능성 확대 → 사용 사례 확보 → 시장 성장 가속화'라는 충격파를 일으킬 수 있다는 점에서 눈여겨볼 만하다. 향후 양자컴퓨터가 해결할 수 있는 문제가 무엇인지 명확해질수록 소프트웨어 생태계는 빠르게 성장하고, 전문 기업과 스타트업도 급증할 것이다.

현재 양자컴퓨터를 활용해 문제를 해결하는 데 활용되는 대표적인 알고리즘으로 쇼어 알고리즘(Shor's algorithm, 소인수 분해에 적합)과 그로버 알고리즘(Grover Algorithm, 검색 최적화에 특화)이 있다. 향후 범용 양자컴퓨터가 상용화되면 물류 및 금융 최적화, 신소재 및 신약 개발, AI 모델 개발 등 유형별로 세분화된 알고리즘과 애플리케이션 프로그램이 출시될 것으로 기대된다.

양자컴퓨팅 관련 주요 기업

마지막으로, 양자컴퓨팅 관련해서 투자 가능성이 높은 주요 기업만 현재 상황 및 전략적 특징을 한 번 요약해보자.

양자컴퓨팅 기술 개발의 선구자 격인 IBM은 2033년까지 2,000개의 논리적 큐비트 활용이 가능한 양자 칩을 개발하겠다는 장기 목표 달성을 위해, 우선 2029년까지 200개의 논리 큐비트를 구현하는 오류 내성 양자 컴퓨터 스탈링(Starling)을 개발할 계획이다. 소프트웨어 측면에서도 클라우드 생태계와 큐이스킷(Qiskit)을 통해 개발자 커뮤니티를 확장해 가고 있다.

구글은 오류정정과 큐비트 확장 등 칩 성능 증대와 더불어 실용화에 주력하는 중이다. 구글은 자사의 양자 칩 윌로우가 2025년 10월 퀀텀 에코스(Quantum Echoes)라는 알고리즘을 실행하여 기존의 슈퍼컴퓨터보다 1만 3천배 빠른 속도를 구현해냈다고 발표했다. 구글은 양자컴퓨터 실용화를 위해 신약 개발, 신소재 연구 등에 관한 다양한 기관들과 파트너십을 강화하고 있다.

이온트랩 기반 기술의 선두 기업 아이온큐는 2030년에 4~8만 논리적 큐비트 구현을 위한 하드웨어 개발과 더불어 상용화에도 공을 들이고 있다. 2025년 7월 미국 에너지부와 협력하여 에너지망 최적화에 적용 가능한 양자-고전 하이브리드 알고리즘을 개발했다. 제약, 에너지, 국방, 금융 등 다양한 업체들과 양자컴퓨터 활용 파트너십을 추진 중이다.

초전도 기반 기술의 리게티 컴퓨팅은 큐비트 수 증가와 양자 게이트 정확도 향상에 주력해 왔다. 2030년 이내에 1,000 큐비트 이상 시스템 구축의 일환으로 100개 이상 큐비트의 칩을 다중배치하는 양자컴퓨팅 시스템 출시를 목표로 한다.

2025년 9월에는 570만 달러의 규모로 총 2대의 양자 컴퓨팅 시스템 구매 주문을 확보하기도 했다.

초저온 기반의 퀀텀 어닐링 기술 기업 디웨이브퀀텀은 기술 고도화와 더불어 상용화에 초점을 맞추고 있다. 2025년 2분기에 어드벤티지2 시스템을 출시하여 클라우드 서비스를 제공 중이며, 범용성 향상을 위한 게이트 모델 기술과 더불어 멀티칩 설계 및 저온 냉각 패키징 기술을 개발하고 있다.

지금까지 양자컴퓨팅 산업에 대해 살펴보았다. 여전히 기술적 불확실성과 시장 개척 리스크가 존재함에도 불구하고, 잠재력이 워낙 크기 때문에 글로벌 기업·스타트업·정부가 모두 뛰어들고 있는 형국이다. 다만 수 년내로 양자우위가 달성될 것이라는 다수의 기대와 달리, 기술의 한계 등으로 인한 답보 상태가 지속될 리스크도 완전히 무시할 순 없다.

그럼에도 불구하고 주요 선진국과 빅테크 기업들의 지속적인 투자, 그리고 점진적이지만 분명한 기술 진전을 고려할 때, 투자자라면 장기적 관점에서 이 분야를 주시하고 자산의 적절한 배분을 고민해볼 필요가 있다. 단, 높은 변동성과 불확실성을 감안하여 충분한 인내심을 갖고 투자에 임해야 한다.

2부

성장주 투자와 추천 상품

5장.

기술 성장주 투자 성공을 위한
아이디어와 체크사항

그동안 우리는 인공지능·휴머노이드·양자컴퓨터 기술 현황과 발전 방향, 산업 구조와 대표 플레이어들을 각각 살펴보았다. 여기서는 이들 기업에 투자를 하기에 앞서 주식 투자에 관한 지식과 개인적 경험을 잠시 공유하려고 한다.

이미 살펴본 것처럼 인공지능·휴머노이드·양자컴퓨팅 산업은 엄청난 성장잠재력을 가진 미래의 유망 섹터이다. 그리고 이런 성장 섹터에서 대표 플레이어로 활약하는 기업은 향후 높은 수준의 이익 성장을 가져다 줄 수 있다. 이와 같은 주식을 '성장주' 혹은 혁신적 기술이 성장의 원동력인 만큼 '기술 성장주'라고 부른다.

우리가 성장주에 관심을 갖는 이유는 주식 시장에서 성장주 투자를 통해 큰 수익을 낼 수 있다는 기대감 때문이다. 다만 그 이면에는 불확실성으로 인해 이익이 못 날 수 있다는 우려도 존재한다. 마치 양자의 중첩 상태처럼 확률적으로만 존재할 뿐, 미래의 결과는 아무도 알 수 없기 때문이다.

이번 파트에서는 기술주 또한 성장주라는 관점에서 투자하기 전 어떤 원칙을 세워두면 좋을지 살펴보고자 한다.

1.
핵심 포인트, 이익의 성장성

주식을 분류하는 기준으로 다음과 같은 질문이 있다. "왜 투자하는가?" 이 질문에 대한 답으로 '싸서'라는 답변과 '이익이 많이 날 것 같아서'라는 답변이 있다. 전자에 해당하는 종목을 '가치주'라고 하고, 후자에 해당하면 종목을 '성장주'라고 한다.

가치주의 관점 - "현재의 가치에 비해 싼가?"

가치주 투자자는 주가가 적정 가치에 비해 쌀 때 투자한다. 주가가 10,000원에서 5,000원으로 떨어졌다고 해서 이를 두고 싸다고 보지는 않는다. 주가가 싸다는 것은 적정한 가치에 비해 가격이 높지 않은(저평가된) 것을 뜻한다.

주가의 적정 가치와 저평가 여부는 해당 기업의 주당 순이익이나 주당 순자산가치를 주가와 비교하여 구한다. 주가를 주당순이익으로 나눈 값을 PER(주가수익배율)라고 하고, 주가를 주당순자산으로 나눈 값을 PBR(주가순자산배율)이라고 한다. 이 값들이 낮을수록 상대적으로 싸다(저평가되었다)라고 말한다. 따라서 가치주에서는 이익이 오르지 않아도 상대적으로 주가가 싸다면(저평가되었다면) 투자 매력이 높아지는 만큼 현재가는 중요한 투자의 기준이 된다. 만약 1년 전 주당순이익이 1,000원인 기업의 주가가 10,000원이었는데 현재 주당순이익은 900원으로 소폭 감소했지만, 주가는 4,500원으로 크게 떨어졌다고 해보자. 1년 전 PER는 10배(10,000원/1,000원), 현재 PER는 5배(4,500원/900원)이므로 싸졌다(저평가되었다)라고 볼 수 있다.

결국 가치주 투자는 기업의 본질적 가치가 현재 가격에 반영되지 않았을 때 기회를 포착하는 전략이다. 이런 투자자들은 주로 안정적 현금 흐름을 갖춘 제조업, 금융, 통신, 배당주 등을 선호한다. 워런 버핏(1930~, 더이상 설명이 필요 없는 세계적인 기업인이자 투자가)과 벤저민 그레이엄(1894~1976, 영국 태생의 미국 투자가로 증권 분석의 창시자이자 가치 투자의 아버지로 불리운다)은 가치주 투자의 상징적 인물이다. "투자는 단기적으로는 인기 투표지만, 장기적으로는 저울"이라는 문장은 가치주 투자의 철학을 잘 보여준다.

성장주의 관점 - "앞으로 이익이 얼마나 커질 것인가?"

이에 반해 성장주는 현재 주가보다는 향후 이익의 성장 잠재력이 투자의 잣대가 된다. 주가의 현재 레벨에 초점을 둔 가치주와 달리 이익이 앞으로 10배 이상 난다는 기대가 형성되면 2~3배 주가가 오르는 건 별것 아니라고 생각한다. 이런 이유로 투자자들에게 주목받는 성장주들의 PER는 통상 가치주에 비해 상대적으로 높게 형성된다.

예를 들어, 최근 수년간 최고의 블루칩이자 대표적인 성장주인 엔비디아는 2024년 순이익 기준으로 PER가 약 58배였다. 동일 기준으로 미국 최고의 금융회사 JP모간체이스의 PER가 16배인 것을 고려하면 거의 3.5배나 고평가된 셈이다. 참고로 두 회사의 2024년 순이익은 엔비디아가 729억 달러로, JP모간체이스의 569억 달러에 비해 20% 정도 높은 수준에 불과하다. 하지만 엔비디아의 연도별 순이익을 살펴보면, 2022년 44억 달러, 2023년 297억 달러, 2024년 729억 달러

로 이익 증가율이 엄청나다(같은 기간 JP모간체이스의 순이익은 각
각 376억 달러, 495억 달러, 584억 달러로, 엔비디아에 비해 증가율이 훨
씬 완만함). 이처럼 높은 이익 증가율을 반영한 주식 시장의 가
격 프리미엄이 성장주의 특징이다.

성장주 투자는 향후 성장 잠재력과 기회를 찾아내는 것이
무엇보다 중요하다. 다만 이것은 미래를 예측하는 것인 만큼
불확실성이 따른다. 이 때문에 단순히 재무제표를 분석하는
능력만으로는 부족하다. 경제·산업 구조에 대한 통찰, 세상의
변화에 대한 호기심, 기술과 소비 트렌드에 대한 이해가 함께
요구된다. 당연히 투자 경험과 관련 지식의 축적이 함께 어우
러질 때, 미래를 보는 안목이 만들어진다.

안목을 얻기 위해서는 풍부한 상상력도 중요하다. 기업이
만들어 내는 제품이 미래의 우리 일상에 어떤 영향을 미칠지
상상해 보는 것이다. 과거 유명한 주식 분석가나 펀드 매니저
들이 투자 성공의 비결로 예술가적 '상상력'을 강조하는 경우
가 종종 있었는데, 이런 이유 때문이었다. 실제로 피터 린치
(Peter Lynch)는 "투자는 숫자보다 이야기를 읽는 일"이라고 말
했다.

2.
필수 투자 원칙(1) - 장기 투자

우리는 이 책에서 미래에 성장 가능성이 높은, 특히 기술 분야의 성장주에 대해 얘기하는 중이다. 이들 기업에 투자하면서 가장 중요하게 생각해야 할 원칙은 장기 투자를 염두에 두어야 한다는 것이다. 다만 이를 위해서는 해당 주식의 이익이 크게 성장할 것이라는 합리적 전망과 이에 대한 믿음이 뒷받침되어야 한다. 믿음이 없다면 주식 투자로 인한 미래의 불확실성을 견딜 수가 없기 때문이다.

지금 현재, 기술력과 혁신으로 장기적 수익을 안겨준 성장주 사례(애플, 아마존, 엔비디아, 테슬라 등)를 참고해보자. 이들은 기술의 발전과 시대의 변화로 급속히 성장하는 신산업 내에서 혁신적 제품과 서비스를 끊임없이 개발하고 생산했다는 공통 분모를 가지고 있다.

애플컴퓨터는 1980년대 당시만 해도 회의적인 의견이 많았던 PC 제조업에 뛰어들며 가정용 컴퓨터 시장을 개척했다. 그리고 2000년대에는 핸드폰과 컴퓨터, 카메라 기능을 결합한 스마트폰을 출시하며 관련 시장을 흡수하고 급성장했다. 아마존은 1990년대 말 인터넷 대중화라는 시대 변화에 발맞춰 온라인 서점과 전자상거래 시장을 선도했고, 2000년대에는 서버 구독 개념의 클라우드 서비스를 선보이며 4차산업혁명을 주도했다. 병렬 연산 기능의 GPU가 암호 화폐 채굴과 인공지능 개발에 적합하다는 사실을 인지한 엔비디아는 이후 최고 성능의 GPU 개발에 총력을 기울이며, No 1 공급자 지위를 확보했다. 테슬라는 사회와 대중의 요구를 정확히 파악하고 전기차, 자율주행차, 휴머노이드 등 새로운 기술을 앞서 개발하여 시장을 선점해 나갔다.

앞으로 인공지능·휴머노이드·양자컴퓨팅 관련 기술주도 마찬가지다. 이들은 미래의 세상을 변화시킬 가장 혁신적인 기술로서 투자자들의 엄청난 기대를 받고 있다. 치열한 경쟁을 통해 승리한 소수의 기업은 산업과 시장을 선도하며 투자자들에게 많은 수익을 안겨줄 것이다. 다만 이런 기업이 되려면 수요자들의 신뢰와 인지도를 기반으로 강력한 브랜드 파워를 구축해야 하는데, 그 과정이 오랜 시간을 필요로 할 수 있다.

엔비디아는 자사의 고성능 GPU 활용에 최적화된 프로그래밍 플랫폼 쿠다(CUDA)를 결합하여 오랜 기간 AI 개발 생태계를 조성해 왔다. 애플도 아이폰, 아이패드 이용에 최적화된 앱스토어와 애플뮤직, 아이클라우드 등의 서비스 플랫폼을 통해 장기간에 걸쳐 애플 사용자 생태계를 구축했다.

이렇게 생태계가 한번 형성되면 사용자는 다른 기업의 제품이나 서비스로 쉽게 전환할 수가 없다. 그 결과, 엔비디아, 애플, 아마존, 테슬라의 사례에서 보는 것처럼 엄청난 이익 상승과 더불어 주가 상승도 동반됨을 알 수 있다. 설령 일시적인 외부 요인 등으로 가격이 빠질 때가 있다 하더라도 금방 회복되고 개선된다. 우리가 좋은 성장주를 잘 발굴했다면, 인내심을 가지고 장기 투자해야 하는 이유가 여기에 있다.

하지만 많은 투자자는 장기 투자를 전제하며 주식을 샀음에도 주가의 단기적 움직임이 있을 때마다 불안해한다. 만약 이때 가격 등락에 집착하면 성장주 투자에서 성공 가능성은 희박해진다. 좋은 성장주를 투자하고도 주가의 등락 때문에 공포에 질려 오래 보유를 못 하는 치명적인 오류를 범하게 된다.

월가의 전설 피터 린치는 "10루타 종목(10배 수익)은 생각보다 자주 나온다. 그러나 사람들은 너무 빨리 팔아버린다"라고 경고했다. 실제 1990년 은퇴 당시, 그는 자신이 운용한 마젤란 펀드에 투자한 사람들의 계좌 수익률을 확인했는데, 13년간 장기 보유했다면 27배 수익을 기록할 수 있었음에도, 투자자의 절반 이상은 플러스가 아닌 마이너스를 기록했다고 한다. 대부분 단기 수익률 하락에 겁을 먹고 팔았기 때문이었다. 또 다른 월가의 전설인 필립 피셔 역시 "가장 큰 이익은 사서 보유하는 전략에서 나온다"라고 장기 투자의 중요성을 강조했다. 이솝 우화의 '황금알을 낳는 거위'에서도 깨달을 수 있듯 조급함과 두려움은 장기 투자의 가장 큰 적이다.

다시 한번 요약해보자.

첫째, 장기적 관점으로 접근해야 한다. 기술 개발과 상용화는 물론 산업의 성장에도 시간이 걸린다는 사실을 인지하고 장기 투자를 염두에 둬야 한다. 그래야 주가의 단기 변동성에 흔들리지 않고 투자 원칙(장기 보유)을 지킬 수 있다.

둘째, 장기 투자에서 인내심을 유지하려면, 투자대상에 대한 충분한 신뢰가 뒷받침되어야 한다. 이를 위해 기술의 파급효과 및 해당 산업과 기업의 성장성(혹은 잠재력)에 대한 이해와 학습이 필요하다. 개별 기업의 경우 동일 업종 내 경쟁 우위 확보 가능성과 이를 위한 경영진의 역량 및 도덕성 등도 주가에 영향을 미치는 주요 요인이다. 하지만 이런 다양한 요인들을 세세하게 확인하기가 매우 어렵고, 설령 확인하더라도 불확실성은 여전히 남는다는 한계가 있다.

셋째, 그러한 이유로 가급적 다수 종목에 분산된 포트폴리오 투자를 권장한다. 특히 변동성이 큰 성장주 투자에서는 분산 투자를 통해 개별 기업의 투자위험을 확실히 줄여 포트폴리오 성과의 안정성을 높일 수 있다. 이에 대해서는 다음 글에서 좀 더 상세히 다룰 예정이다.

3.
필수 투자 원칙(2) - 분산 투자

어떤 주식의 가격이 오르는 이유는 누가 봐도 매력적으로 보이고, 결과적으로 사겠다는 사람이 많기 때문이다. 경제학자 케인즈는 주식 시장을 미인 선발 대회에 비유하기도 했는데, 처음에 내가 미인이라고 생각했지만, 남들이 미인이 아니라고 하면 마음이 흔들릴 수밖에 없다. 누구나 군중심리의 영향을 받기 때문이다.

마찬가지로 처음에는 주가가 오를 거로 생각하고 장기 투자를 불사하겠다는 마음가짐으로 매입을 했지만, 막상 시장에서 주가가 생각처럼 오르지 않으면 마음이 불안해진다. 심지어 주가가 오르더라도 다른 주식보다 덜 오르면 똑같이 마음이 답답하고 불안해진다.

성장주는 특성상 시장 평균에 비해 가격 변동성이 더 클 수밖에 없는데, 성장 기대감이 시장 평균보다 큰 이면에는 높은 불확실성으로 인한 위험성도 갖고 있기 때문이다. 주가 대비 순이익이 10% 내외로 안정적인 회사보다, 어떨 때는 30%, 또 어떨 때는 -10%로 왔다갔다하는 회사의 주가 변동성이 훨씬 심한 것은 어찌 보면 당연한 일이다.

이런 불확실성은 가격의 등락(변동성)을 높이는 원인이 되며, 당연히 심리적 불안감도 키우게 된다. 따라서 기술 성장주야말로 장기 투자의 원칙에 더욱 충실해야 좋은 결과를 얻을 수 있다는 결론이 나온다. 그리고 그렇게 하기 위해서는 투자 대상에 대한 충분한 신뢰가 전제되어야 한다. 그리고 이번에는 장기 투자에 성공하기 위한 방법이자 원칙으로써 여기에 한 가지를 더 추가하고자 한다. 바로 분산 투자다.

일찍이 워렌 버핏은 장기 투자의 중요성을 강조하고자 "주식 투자는 인내심 적은 사람으로부터 인내심 많은 사람에게로 돈을 옮기는 과정이다"라는 말을 남기기도 했다. 분명 투자의 대가가 전달하는 통찰력이 느껴지는 명언이다. 하지만 이를 일반 투자자가 듣고 따라 하기는 결코 쉽지가 않다. 내 돈이 불과 1~2주 만에 20~30%씩 붙었다 사라지기를 반복하는데도 불구하고 신념과 인내를 가지고 마음 편하게 주식 시장을 바라볼 수 있는 투자자가 과연 몇이나 될까? 모르긴 해도 아마 10명 중 1명도 어려울 것이다. 따라서 무작정 인내하고 신뢰하고 기다리라는 메시지는 대다수의 투자자가 실천하기 어려운 공허한 조언에 불과하다. 결국 장기 투자를 위해서는 투자자가 감내할 수 있을 만큼 가격 변동성 자체를 줄이는 것이 관건이다. 그럼 이를 위해서 어떻게 해야 할까?

어떤 사람들은 투자에 관한 정보를 열심히 수집하고, 관련 지침서들을 사서 분석하는 등의 노력을 기울이기도 한다. 하지만 아무리 그렇게 해도 그건 과거와 현재의 정보를 기반으로 하는 만큼, 미래의 불확실성은 여전히 남아있을 수밖에 없다.

내가 생각하기로 투자의 불확실성을 아예 없애진 못하더라도 확실하게 줄일 수 있는 방법은 나눠서 투자하는 것이다. 즉 포트폴리오 형태로 분산 투자하는 것이 최선이다. 실제로 분산 투자를 하면 수익률은 평균이지만, 가격 변동성은 평균보다 무조건 낮게 나타난다. 그래서 성장주와 같이 변동성이 큰 투자일수록 분산 투자의 중요성은 더욱 커진다. 그런데 안타까운 건 이러한 사실을 잘 알고 있더라도 막상 주가가 위아래로 크게 흔들리면 마음은 수십 번도 더 흔들린다는 것이다. 그리고 대부분은 그 상황을 참지 못하고 당초에 세운 투자 원칙을 깨버린다.

이에 관해 씁쓸한 사례가 있는데, 2017년도에 내가 쓴 책을 본 지인이 투자를 위해 책에서 언급한 종목 중 하나를 찍어 달라고 한 적이 있다. 요청한 지인이 투자 지식이나 경험이 많지 않았던 만큼 해외주식 10종목에 자금을 고루 분산하거나 차라리 펀드 같은 간접 상품에 투자할 것을 권유했다. 그러고 1년이 지나 다시 만났다. 그는 책에서 언급한 종목에 투자했다가 손해를 봤다며 언짢은 심기를 드러냈다. 이유를 물어보니 처음에는 내 말대로 투자하려다가, 주가를 살펴본 결과 이미 가격이 많이 오른 다른 종목들 대신 상대적으로 저렴해 보였던 3D프린터 테마 종목에 집중적으로 투자했다는 것이었다. 안타깝게도 투자한 후 얼마 지나지 않아 주가는 계속 떨어졌고, 결국 불안감 때문에 종목을 판 다음에는, 반대로 그때까지 최고 수익률을 기록한 인공지능 테마주로 옮겨갔지만, 본인이 갈아탄 지 얼마 안 되어서 또다시 큰 폭으로 하락을 했다고 했다.

설령 처음에는 제대로 분산 투자를 했다가도 심리적으로 하락하는 종목을 참지 못한 채 팔고, 상승하는 종목에 자금을 계속 얹거나, 반대로 조금만 가격이 오르면 팔아버리고 손해 본 종목만 남겨두는 식으로, 분산 투자가 깨지는 현상은 종종 있는 일이다. 결국 심리적 불안감 때문에 투자로 충분한 이익을 보지는 못하고 리스크만 키우는 것이다.

이 외에도 분산 투자의 필요성을 하나 더 덧붙이자면, 인공지능·휴머노이드·양자컴퓨팅 기술주 투자는 미국 등을 중심으로 하는 해외로의 분산도 반드시 필요하다는 것이다. 기술을 선도하는 기업 대부분이 미국을 비롯해 중국, 일본, 유럽 등 대부분 해외에 소재해 있어, 글로벌 시장을 석권하는 기업에 투자하는 이상, 국내 투자 종목만 찾기에는 선택지가 제한될 수밖에 없다.

인공지능·휴머노이드·양자컴퓨팅 산업은 끊임없는 혁신과 막대한 자본 투자가 필수적이어서, 글로벌 규모의 자금 조달 능력과 탄탄한 연구개발(R&D) 생태계가 있는 미국과 중국 기업들이 경쟁 우위를 가지고 있다. 일본과 독일의 경우에는 기계 부품 및 소재 산업에서 높은 기술력을 바탕으로 제한적으로 시장을 선도하고 있고, 한국은 핵심 플레이어가 삼성전자, SK하이닉스 등 일부 대기업에 편중되어 있다.

그리고 국내 시장에만 집중하면 특정 지역·통화·산업 리스크에 크게 노출될 수 있지만, 달러나 유로, 엔화 등의 기축통화를 기반으로 하는 해외 투자는 원화 가치의 하락 리스크를 줄이는 효과도 얻을 수 있다. 특히 미국 증시는 시가총액과 유동성이 세계 최고 수준이라, 장기 성장을 노리는 기술주 투자자에게는 유리한 환경이라 할 수 있다. 그렇기 때문에 기술 성장주에 장기적으로 분산 투자하고자 한다면, 한국 시장만 고집할 게 아니라 미국을 중심으로 글로벌 시장 전반에 걸쳐 투자 범위를 넓힐 필요가 있다.

4.
필수 투자 원칙(3) – 간접 투자, 분할 매수

인공지능·휴머노이드·양자컴퓨팅 산업이 엄청난 잠재력이 있으며 미래 세상을 완전히 바꾸어 나가면서 빠르게 성장할 것이라는 데에는 별 이견이 없을 듯하다. 다시 말해 이들 투자에 대한 신뢰가 어느정도 형성되었다고 볼 수 있다. 그리고 이런 충분한 과실을 향유하기 위해서는 인내심을 가지고 장기 투자해야 한다는 것도 이미 앞에서 살펴보았다. 덧붙여 투자자가 가격 변동성에 대한 부담을 될 수 있으면 덜 느끼도록 다양한 종목들로 포트폴리오를 구성해 분산 투자해야 한다는 것도 얘기했다. 그리고 이때 투자 범위는 미국 중심의 글로벌 주식으로 돼야 한다는 것도 짚었다.

그럼 이제는 어떤 종목들로 포트폴리오를 짤 것인가, 그리고 어떤 방법으로 투자할 것인가에 대한 언급이 남았다. 실제로 20세기 이후 주식 시장을 휩쓸었던 투자의 대가들은 성장주의 발굴을 위한 자신들의 노하우를 책이나 강연으로 많이 남겼다. 하지만 이런 정보를 아무리 많이 참고한다고 해도, 특정 산업 내의 다양한 개별 기업 중 누가 위대한 성과를 내고 경쟁의 최종 승자가 될지 정확히 예측해 내는 일은 매우 어렵다.

역사를 돌이켜 보면, 초기에는 기술 혁신으로 시장을 선도하는 기업이었지만, 성공의 함정에 빠져 변화 적응에 실패하면서 사업이 위축되거나 아예 도태된 사례를 심심찮게 찾을 수 있다. 휴대폰 시장에서 한때 세계를 호령했던 노키아는 터치 인터페이스, 앱 생태계 변화 등 스마트폰의 파괴적 혁신에 안일하게 대응했다가 결국 몰락을 맞이했다. 무선 통신 분야의 선구자였던 모토롤라 역시 디지털 및 스마트폰으로 전환 기회를 놓치면서 같은 운명을 맞았다. 한 때 세계 3위의 스마트폰 제조 강자였던 LG전자 역시 시장 변화와 기술 혁신 경쟁에 제대로 대응하지 못해 결국에는 스마트폰 사업 철수를 결정했다.

산업 내 경쟁이나 기술 변화 외에도 최고경영자의 의사결정 오류, 사건 사고, 윤리적 스캔들 등 예기치 못한 이슈로 기업이 몰락하거나 주가가 급락하는 경우도 많았다. 에너지 기업 엔론은 경영진의 대규모 회계 부정으로 한순간에 파산했다. 폭스바겐은 배출 가스 조작이라는 윤리적 문제로 주가가 급락하며 막대한 타격을 입었다. 혁신적 핀테크로 주목받던 테라폼랩스는 경영진의 판단 착오와 탐욕으로 CEO가 구속되는 비극적 결말을 맞았다. 애플조차도 1985년 창업주였던 스티브 잡스가 이사회와의 불화로 회사를 떠난 이후, 혁신 부재와 MS 윈도우 기반의 PC 업체들과의 경쟁에서 뒤처지면서 1997년 파산 직전까지 가기도 했다.

반대로 신기술 개발 및 투자나 경영진의 탁월한 의사결정에 따라 인지도 낮은 후발 기업이 선두로 치고 올라간 사례도 많았다. 1990년대 후반 블록버스터가 장악하던 비디오 렌탈 시장에 후발 주자로 진입한 넷플릭스는 DVD 우편 대여와 맞춤형 추천 시스템을 도입해 경쟁에서 승리했으며, 이후 글로벌 스트리밍 서비스 사업의 1위 기업이 되었다. 1990년대 후반 검색 엔진·광고 시장에 뛰어든 후발 주자 구글 또한 페이지랭크(PageRank) 알고리즘과 단순한 초기 화면, 그리고 빠른 검색 속도를 구현하며, 기존 강자였던 야후와 알타비스타를 제치고 독점 체제를 구축했다. 1983년 메모리 반도체 사업에 진출할 당시 삼성전자는 미국 마이크론과 일본 도시바에 한참 뒤처진 후발 주자였지만, 창업주의 뛰어난 추진력으로 10년 만에 글로벌 1위 기업이 되었다.

기술 성장주로 지금은 최고의 기업으로 점쳐지더라도 언제 어떻게 사라질지 모르며, 반대로 언제 어떻게 나타날지도 모른다. 그래서 분산 투자가 중요하다. 그런데 내가 주식 초보라면 분산 투자할 기업을 고르는 것조차도 결코 만만치 않은 일일 것이다.

투자의 그물을 던져라! 간접 투자 상품 _ 펀드와 ETF

물고기를 잡기 위해 물살이 빠른 냇가에 있다고 가정해보자. 작살과 그물, 둘 중 하나를 선택해야 한다면? 만약 노련한 사냥꾼이라면 작살을 쥐고 내가 원하는 물고기만 노릴 수도 있다. 하지만 경험이 짧은 초보라면 그물을 선택하는 것이 더 현명할 것이다. 작살처럼 원하는 물고기만 잡을 순 없겠지만, 뭐든 잡을 확률 자체는 그물이 훨씬 낫다.

물살이 빠른 냇가를 시장의 부침과 변동이 심한 기술 산업에 빗대어 보자. 아무리 성장 잠재력이 분명하다 하더라도 경쟁에서 누가 최종 승자가 될지는 알 방법이 없다. 앞에서 본 사례처럼 급격한 기술 변화에 따른 대응, 강력한 경쟁자의 등장, 혹은 전혀 예상치 못한 변수로 과거의 강자가 몰락하거나, 신성 기업이 리더로 급부상하는 경우는 부지기수로 많기 때문이다.

인공지능·휴머노이드·양자컴퓨팅 분야라면 더더욱 어려운 일이라고 판단된다. 휴머노이드 산업에서 혼다는 무려 25년 전에 아시모를 공개하며 선두 주자로 주목받았으나, 이후 기술의 발전과 시장의 니즈 및 변화에 소극적으로 대응하며 경쟁에서 뒤처졌다고 평가받고 있다. 인공지능 산업에서 아마존은 2014년에 음성인식 AI 비서 알렉사를 출시하며 AI 서비스 시장의 선구자이자 리더로 떠올랐다. 하지만 이후 오픈 AI의 챗GPT 등 생성형 AI 챗봇들에 밀리며 경쟁 우위를 상실했다. 양자컴퓨팅의 경우 초기 강자였던 IBM이 아직은 기술 우위를 유지하고 있으나, 구글, 마이크로소프트 등 다른 빅테크까지 경쟁에 뛰어들면서 시장의 승자를 예측하기는 더욱 어려운 상황이다.

따라서 평범한 초보 투자자로서 생업에 바쁘고, 여윳돈이나 수입 일부를 투자에 할애하는 일반투자자라면 주식 시장이라는 냇가에서 작살 대신 그물을 던지는 것이 훨씬 낫다. 이때 그물 역할을 하는 것이 바로 간접 투자다. 즉 전문가들에 의해 이미 잘 짜인 포트폴리오로 구성된 "펀드"나 "상장지수펀드(ETF)"에 투자하는 것을 말한다.

이렇게 투자하는 것은 기업이 아니라 산업에 투자하는 것으로도 볼 수 있으며, 성장 산업에 투자한다는 장점은 살리면서 종목 선택의 부담과 개별 주식의 가격 변동 위험은 낮추는 방법이 된다. 특히 미래 성장 가능성이 높지만 빠르게 변화하는 인공지능·휴머노이드·양자컴퓨팅 기술 산업이라면, 개별 기업을 선별하는 고위험 투자보다 다양한 기업을 아우르는 펀드나 ETF에 투자하여 산업 전체의 성장을 누리며 리스크를 효과적으로 관리하는 전략이 현명하고 합리적이다.

이젠 워낙 대중화된 금융 상품이지만, 혹시 생소하게 느낄 수 있는 분들을 위해 부가설명을 하자면 다음과 같다. 우선 은행이나 증권사 같은 곳에서 가입하는 '펀드'는 다수의 투자자들로부터 자금을 받은 다음, 그것을 주식이나 채권 등 다양한 상품에 투자하는 상품이다. 내가 직접 투자하는 것이 아니라 해당 분야 전문가(펀드 매니저)들이 대신 하는 것으로, 해외에 있어 접근성이 떨어지거나 자금이 적어 투자할 수 없는 자산들에도 소액으로 분산 투자가 가능하다.

'ETF'는 거래소에서 매매되는 일종의 인덱스 펀드다. 인덱스펀드는 지수를 따라가는 펀드를 말하는 것으로 대표적인 지수가 코스피, 코스닥, S&P 500, 나스닥 같은 것이다. 펀드들의 장점에 더해 여러 개 주식으로 구성된 포트폴리오를 하나의 종목처럼 편리하게 거래할 수 있다는 장점이 있다. 최근에는 ETF 종류가 다양하게 늘면서 선택의 폭이 점점 확대되고 있다.

ETF나 펀드 둘 다 정해진 범위 내에서 전문가들이 유망한 주식을 선정하고 이를 포트폴리오로 구성해 놓은 간접 투자 상품이라는 점은 같다. 하지만 투자한 자금을 현금화하는 방법에서는 큰 차이를 보인다. 우선 펀드는 운용 업체에다가 별도로 환매를 신청해야 하므로 신청 시점의 실시간 가격이 아니라 신청 일자 혹은 2~3일 후의 주식 종가를 기준으로 반환된다. 그리고 실제 현금을 받는 날짜는 신청일자에서 2~7일 정도 걸린다. 즉 다소 느리다. 반면 ETF는 주식 시장에서 개별 주식처럼 거래되기 때문에 실시간으로 사고팔 수 있다. (다만 이때 ETF의 거래 가격이 ETF에 편입된 종목별 가격의 합과 반드시 일치하는 것은 아니고 시장 상황에 따라 소폭의 괴리가 발생할 수 있다.)

이렇게만 설명하면, 펀드는 ETF보다 별로 좋을 게 없어 보인다. 하지만 꼭 그렇지는 않다. 일단 해외 주식 투자는 선택의 폭이 펀드가 ETF보다 더 넓다. 그리고 반드시 실시간으로 거래가 가능하다는 것이 투자 결과에 유리하게 작용하는 것도 아니다. 펀드는 운용 기관의 전문가들이 포트폴리오를 모니터링하고 리밸런싱을 하다 보니 장기간 우수한 성과를 내는 인기 상품들이 있는데, 이들은 여전히 많은 투자자의 관심과 자금을 끌어모은다.

최근 개인들의 주식 투자 참여가 늘면서, ETF나 펀드에 관심이 뜨거워지고 상품의 종류도 꾸준히 증가하고 있다. 현재 개인이 간접 투자할 수 있는 ETF나 펀드는 유형에 따라 크게 세 가지로 나눌 수 있다. 첫 번째는 국내 증시에 상장되어 거래되는 국내 주식 또는 해외 주식 ETF, 두 번째는 해외(주로 미국) 증시에 상장되어 거래되는 해외 주식 ETF, 세 번째는 국내에서 출시되어 국내 주식 또는 해외 주식에 투자하는 펀드다. 이들 각각은 투자 대상뿐만 아니라 투자 방식 그리고 수익이 발생했을 때 내야 하는 세금 체계도 모두 다르다. 따라서 나의 형편이나 선호도에 맞는 상품을 사전에 잘 선택하는 것이 중요하다.

투자를 쉽고 부담 없게! 분할 매수의 힘

간접 투자와 더불어 일반 투자자들에게 추천하고 싶은 또 다른 방법은 바로 분할 매수다. 예를 들어 내가 큰돈을 한 번에 투자하면 부담이 크지만 10번씩 나눠서 투자한다면 설령 초기에 주가가 떨어지더라도 상대적으로 부담이 덜 된다. 그리고 고점에 샀다 하더라도 나중에 평균 매입 단가를 낮출 기회가 있어 유리하다. 주가가 낮을 때는 같은 돈을 투자하더라도 더 많은 주식을 싸게 살 수 있기 때문이다. 예를 들어 100,000원으로는 주가가 10,000원일 때 10주를 살 수 있지만 만약 주가가 5,000원으로 하락하면 20주를 살 수 있다.

그럼 분할 매수는 어떻게 하면 좋을까? 결론부터 말해 사전에 규칙만 잘 세워두고 지켜나간다면 어떤 방식이든 무방하다. 예를 들어 투자한 ETF의 가격이 -5%씩 하락할 때마다 일정 금액을 추가로 매수한다든지, 아니면 매월 정기적으로 투자하되, ETF 가격이 매입 가격보다 싸면 더 많이 투자하고 비싸면 더 적게 투자하는 방법도 있다.

하지만 하루를 바쁘게 살아야 하는 직장인이나 자영업자 입장에서는 이걸 매번 신경 쓰기가 쉽지 않을뿐더러 혹시 투자한 펀드나 ETF 가격이 크게 떨어지면 심리적으로 괴로움을 느껴 일이 손에 안 잡히기도 한다. 그러다가 도저히 못 참고 다 팔아버려 투자를 끝내는 경우도 종종 있는데, 이렇게 되면 차라리 투자를 안 하느니만 못하게 된다. 따라서 가급적 주식 시장이나 내 포트폴리오를 덜 쳐다보면서도 마음 편하게 투자할 방법이 필요한데, 그게 바로 '정액 적립식 분할 매수' 방식이다. 다시 말해 월급날 자동이체를 걸어서 매월 적금을 붓듯 동일한 금액으로 펀드나 ETF를 자동으로 투자하는 방식이다. (증권사마다 일정 금액으로 투자하는 방법과 가능한 상품 등은 조금씩 다를 수 있다.)

이렇게 되면 앞서 본 것처럼 목돈을 한꺼번에 투자할 때와 같은 심리적 불안도 덜고, 매월 같은 금액을 투자하기 때문에 오히려 주가가 내려가면 싸게 주식을 살 기회도 얻게 된다. 특히 아직 마련된 목돈 없이 월 수입 중 일부를 떼어 소액으로 투자해야 하는 젊은 직장인과 초보 투자자라면 안성맞춤인 방법이다.

다만 이때 주의해야 할 점은 정액 적립식 분할 매수를 시작했으면 계속해야지, 생각만큼 수익이 안 나거나 손해가 났다고 해서 자동이체를 끊는 식으로 투자를 중단하면 되레 해롭다는 것이다. 앞에서 언급했듯 주가가 낮을 때 주식을 더 많이 사게 해 주는 효과가 정액 적립식 분할 매수의 장점인데, 그 기회를 스스로 없애버리는 격이 되기 때문이다.

이외에도 다양한 방법이 있지만 정말로 중요한 것은 매수 기법보다 사전에 세운 원칙을 끝까지 고수하는 뚝심이다.

지금까지 기술주 투자에 필요한 몇 가지 원칙을 살펴보았다. 정리 차원에서 다시 한번 언급해보면 다음과 같다.

첫째, 장기 투자의 유지이다. 기술 성장주의 특성상 주가가 크게 상승하고 이로 인해 많은 수익을 내기 위해서는 기업과 산업의 충분한 성장성이 시장 참여자의 기대에 반영되어야 한다. 다만 오랜 시간이 걸릴 수 있다는 사실을 염두에 둬야 주가의 단기 변동성에 흔들리지 않고 장기 투자를 유지할 수 있다. 덧붙여 투자 대상에 대한 충분한 신뢰가 형성되어야 하며, 이를 위해 해당 기술과 산업, 참여 기업에 대한 학습과 이해가 필요하다.

둘째, 충분한 분산 투자의 필요성이다. 개별 기업은 내가 아무리 정보를 습득해도 불확실성을 줄이는데에는 한계가 있다. 특히 기술 성장주의 경우 산업과 시장 자체의 변화가 한 치 앞을 내다보기 힘들 만큼 불확실성이 크기 때문에 변동성이 매우 크다. 따라서 잘 분산된 포트폴리오 구성을 통해 개별 기업의 투자 위험을 줄여 성과의 안정성을 높일 필요가 있다.

셋째, 간접 투자 상품의 이용이다. 분산하더라도 내가 직접 종목을 고르는 일이 생업에 바쁜 일반 투자자라면 결코 쉬운 일이 아니다. 이때는 전문가들이 구성하고 수시로 점검하고 바꾸는 포트폴리오에 간접 투자하는 것이 효과적이다. 바로 펀드와 ETF에 대한 투자다. 특히 초보 투자자라면 이 방법이 더욱 안정적이다.

넷째, 분할 매수 방식의 활용이다. 한 번에 큰 액수로 매수하는 것이 아니라 매일 혹은 매주, 매달 적립식으로 내가 투자한 종목을 꾸준히 매수하는 방식이다. 가격 변동에 대한 자연스러운 대응이 되며, 일시 투자에 따른 등락폭의 위험성을 줄이는 방법이 된다. 또한 심리적 불안감을 낮추어 장기 투자에 상대적으로 유리하다는 장점도 있다.

5.
투자에 앞서 고려해야 할 세금 이슈

이제 투자 대상과 방법을 파악했으니, 어떤 방식을 선택하는 것이 세금 구조상 유리한지도 따져보자. 투자 대상의 선택에 따라 과세 방식과 세율이 다른데, 이를 간과하면 불필요한 세금 부담이 생기거나, 절세 기회를 놓칠 수 있다. 그리고 별도의 신고 절차가 필요할 수도 있다.

먼저 국내에서 설정된(만들어진) 펀드는 발생하는 수익에 대해 배당소득세가 부과된다. 먼저 수익에 대해 15.4%를 금융기관이 원천징수하고, 연말까지 합산된 금융(이자+배당)소득이 2천만 원을 초과하면 법으로 정해진 다른 소득들과 합산해서 5월에 다시 세금을 매긴다. 만약 법으로 정해진 다른 소득금

액이 많다면 내가 내야 할 세금은 수익의 26.4%나 38.5%, 혹은 그 이상으로 뛸 수 있다. 다만 이때 국내 주식형 펀드 안에서 국내에 상장된 주식을 사고팔아 발생한 이익은 세금을 별도로 매기지 않는다. 국내에서 원화로 투자하는 ETF도 매매차익에 대해 세금을 내지 않는다. 하지만 이러한 절세 효과에도 국내에서는 투자할 만한 우량 인공지능·휴머노이드·양자컴퓨팅 기술주가 상당히 제한적이라는 것은 핸디캡이다.

한편, 국내 증시에서 거래하는 해외 ETF의 경우에는 발생하는 수익에 대해 배당소득세가 과세된다. 세금을 부과하는 과정과 적용되는 세율은 앞서 살펴본 국내에서 설정된 해외 주식형 펀드와 동일하다. 다만 이때, 세금 부담을 줄이는 대안으로 회사에 입사 시 자동으로 드는 퇴직연금 혹은 IRP(개인퇴직계좌) 안의 자금으로 해외 주식형 ETF(국내 증시에 상장된) 혹은 펀드(국내에서 설정된)에 투자한다면 발생하는 다른 소득과 합산되어 과세되는 위험을 없앨 수 있다.

참고로 퇴직연금에는 DB와 DC가 있으며, 개인이 직접 연금을 운용하려면 DC형으로 가입되어 있어야 한다. IRP는 회사를 나갈 때 수령하는 퇴직금이나 퇴직연금을 보관하기 위하여 개별적으로 금융 기관에서 개설하는 계좌이다. 다만 회사를 다니는 중에 미리 만들어 놓고 별도의 여유 자금을 노후 대비 차원에서 돈을 넣을 수도 있다. 그러면 이 경우 불입액

212

(최대 900만 원까지)의 13.2% 혹은 16.5%를 곱한 만큼을 소득세에서 공제해 준다. 그리고 퇴직연금은 퇴직할 때 퇴직소득세를 내는데, 일반 계좌에서처럼 배당소득세를 내는 것보다 유리할 가능성이 크다. IRP 또한 발생하는 소득에 대하여 만 55세 이후 연금 형태로 매년 1,500만 원 이하로 나눠 인출할 경우 3.3~5.5%의 낮은 세율을 적용받아 15.4%인 원천징수 배당소득세율보다 유리하다. 이런 이유로 장기 투자를 실천하는 방법으로 퇴직연금을 활용해도 좋다.

그리고 만 19세 이상이면서 직전 3년동안 금융소득종합과세에 해당되지 않았다면 ISA(개인종합자산관리계좌)를 개설할 수 있는데, 이 또한 절세에 유리하다. 이 계좌에서 운용으로 발생하는 금융 소득은 200만 원 혹은 400만 원까지 비과세되며, 그 이상의 소득은 9.9%로 분리과세 된다. 앞서 본 세율 측면에서도 유리하고, 다른 금융 소득과 합산되지도 않아 여러모로 유리하다. 매년 2천만 원씩, 총 1억 원까지 불입이 가능하다.

끝으로 해외에서 달러 등 다른 통화로 투자되는 해외 주식형 ETF의 경우 매매차익에 대해서는 양도소득세가, 분배금에 대해서는 배당소득세가 각각 부과된다. 양도소득세는 연간 양도 차익에서 기본 공제 250만 원을 뺀 금액에 대해 22%(지방세 포함)의 세율로 과세한다. 동일한 해에 발생한 해외 주식 및 ETF의 수익과 손실을 합쳐 계산한다. 배당소득세의 경우, 미국 상장 주식은 배당 지급 시 15%의 세금이 원천징수 된 후 지급된다. 이렇게 받은 배당소득은 국내에서 다른 금융 소득과 합산해 연간 총 금융 소득이 2천만 원을 넘으면 종합과세의 대상이 된다. 종합과세가 되면 소득 구간에 따라 최대 49.5%까지 누진세율이 적용될 수 있으므로, 배당소득이 많은 투자자는 연간 금융 소득 총액을 관리하는 것이 필요하다.

고소득자이면서 투자 규모가 크다면 해외 증시에서 거래되는 ETF를 달러로 직접 거래하는 것이 더 유리하다. 발생하는 양도차익은 22%로 한 번에 과세하고 나면, 나중에 합산으로 다시 과세하지 않기 때문이다. 만약 같은 해 평가 손실이 있고 당분간 전망이 어두운 주식이나 ETF가 있으면 그 참에 팔아서 손실을 확정한 다음, 위에서의 양도차익과 합산하여 세금을 줄일 수도 있다. 해외 주식 매매 차익이 600만 원이고, 같은 해 손실이 350만 원 발생했다면, 순이익은 250만 원이므로 기본 공제 적용 후 과세 대상이 없어지는 것이다.

또한 투자에서 이익이 크게 난 해외 주식 펀드나 ETF가 있다면 한 번에 파는 것보다 여러 해에 나누어 매도하면 세금을 분산할 수 있다. 해외 증시에서 거래하는 해외 주식 ETF라면 연도별 250만원 양도소득 기본 공제를 감안할 필요가 있다.

한편 국내 증시에서 거래하는 해외 주식 투자 ETF 혹은 원화로 투자하는 해외 주식 투자 펀드라면 연간 발생하는 금융 소득이 다른 금융 소득과 합산하여 2천만 원을 넘지 않도록 관리하는 것이 좋다. 아예 합산이 되지 않도록 가급적 IRP나 퇴직연금(DC)의 적립금, 혹은 ISA(개인종합자산관리계좌) 안의 자금으로 투자하는 것도 좋은 대안이다.

만약 여의치 않아 종합과세가 되고 세금 부담이 급증할 것 같다면, 배우자나 자녀 명의로 일부를 증여해서 소득을 분산시키는 것도 고려할 만하다. 최근 10년간 합산 기준으로 배우자 증여는 6억 원, 자녀 증여는 5천만 원(미성년자는 2천만 원)까지 증여세가 부과되지 않는 만큼 한도 내에서 적절히 활용하면 유리하다. 대신 증여 받은 가족은 최소 1년은 지나서 주식을 매각해야 한다. 그렇지 않으면, 증여해 준 사람이 처음 취득한 금액을 기준으로 양도소득세를 매겨 전체적인 세금 부담은 되려 커질 수 있다.

가족에게 재산을 증여할 때는 현재 손실이 나 있거나 별로 이익이 나지 않았지만, 장기적으로는 오를 것 같은 주식이나 ETF를 우선적으로 활용하는 것이 좋다. 증여가액은 증여 시점의 시가로 계산하는 만큼 증여는 가격이 낮을 때 하는 것이 세금 상 더 유리하다. 다만 이 경우 증여받은 자산을 훗날 매도할 때 납부할 세금을 염두에 두고 득실을 따져보는게 좋다.

지금까지 살펴본 것처럼 장기 투자를 위해서는 미래 수익을 극대화하기 위해 좋은 투자 대상을 선택하는 것과 더불어 상품들의 과세 구조를 정확히 이해하고 손익 통산, 증여 공제, 분산 매도 등 절세 전략을 적절히 병행하는 것이 필요하다. 물론 투자의 본질은 많은 수익을 내는 데 있지만, 이익이 커질수록 자칫 부담해야 하는 세금 부담 또한 만만치 않게 커지기 때문에 이에 대한 대비를 할 수 있어야 한다.

특히 해외 인공지능·휴머노이드·양자컴퓨팅 기술주와 같이 성장 잠재력이 큰 자산에 투자할 경우, 단기 변동성에 흔들리지 않는 것과 동시에 세금 측면에서도 효율적으로 접근하는 것이 장기 수익 극대화의 핵심 포인트라 할 수 있다. 장기 투자에서는 비용을 잘 통제하는 것은 투자 승패를 좌우하는 주요 요인임을 반드시 명심하자.

6.
연금으로 투자하기

최근 국민연금 개혁 논의와 장기 재정 불안으로 청년 세대들의 노후 불안감이 커지고 있다. '2025 국민연금현안 대국민 인식 조사'에서는 국민연금을 "신뢰하지 않는다"는 응답이 55.7%에 달했으며, 20대와 30대 중 80% 이상은 보험료율 인상에 부정적 반응을 보였다. 이에 따라 공적 연금만으로는 안정적인 누후 대비가 어렵다는 인식이 확산되면서, 퇴직연금을 직접 운용하는 DC형을 선택하거나 개인형퇴직연금(IRP) 계좌를 만들어 따로 연금을 적극 운용하려는 직장인들이 늘고 있다.

현행 법령상 퇴직연금(DC형)이나 IRP 계좌에서는 개별 주식 투자가 불가능하고, 펀드나 ETF 형태의 간접 투자만 가능하다. 이런 이유로 많은 투자자는 S&P 500, 나스닥 100과 같은 대표지수 연계 상품을 선호한다. 이는 분산 투자효과와 안정적 성장이라는 측면에서 훌륭한 선택이라고 할 수 있다.

여기에 더해 젊은(2030은 물론 40대도 포함) 직장인이라면 인공지능·휴머노이드·양자컴퓨팅 등 기술 성장주 관련 펀드나 ETF에 일부 투자할 것도 권하고 싶다. 즉 장기 투자가 가능한 일부 자금은 고성장 기술 테마로 적극 운용해 높은 수익을 노리는 전략을 취할 필요가 있다는 것이다.

40대 이하의 직장인이라면 앞으로 최소 10년에서 길게는 30년 넘게 연금계좌에 돈을 계속 적립하고 운용할 것이다. 이는 앞서 살펴본 성장주 투자의 핵심 성공 요인인 장기 투자와 분할 매수 원칙에 딱 맞아떨어진다. 퇴직연금이나 IRP는 매년 또는 매월 자동으로 불입되므로 자연스럽게 분할 매수 효과를 얻을 수 있다. 그리고 가격이 높을 때는 적게 사고 쌀 때는 많이 사는 방식으로 평균 매입 단가가 조정되어 투자 위험이 완화된다. 연금이기 때문에 만 55세 이전에는 인출이 어려워 중간에 빼 쓰고 싶은 유혹도 줄여주어 강제 저축 효과도 얻을 수 있다. 젊음과 시간이야말로 자산 운용에 있어 청년세대의 가장 큰 무기임을 명심하고, 이를 최대한 연금자산 증식에 활용해야 한다.

다음으로 세제 혜택도 무시할 수 없다. 인공지능·휴머노이드·양자컴퓨팅 등 기술 성장주 펀드나 ETF들은 대부분 미국 중심의 해외주식을 편입한다. 앞서 살펴본 것처럼 일반 계좌에서 해외 주식 ETF(국내 상장)나 펀드(국내 설정)를 투자하면 매매차익과 분배금에 15.4%의 배당소득세가 부과되고, 금융 소득 합계가 2천만 원을 넘으면 종합과세되어 세금 폭탄으로 이어질 수도 있다. 그런데 이때 퇴직연금 DC형이나 IRP 계좌를 이용하게 되면 운용 중 발생한 수익에 즉시 과세하지 않고 인출 시점까지 과세를 이연해(미뤄) 준다. 세금으로 빠져나가지 않은 이익금까지 재투자되어 복리 효과를 얻을 수 있다.

더 매력적인 것은 만 55세 이후 연금 형태로 연간 1,500만 원 이하의 금액을 인출할 때는 3.3~5.5%의 낮은 세율만 적용된다는 점이다. 일반 계좌의 15.4%나 종합과세와 비교하면 꽤 매력적인 절세 효과다. 단, 일시금으로 인출을 하는 등 세법상 연금 수령 요건을 갖추지 못하는 경우에는 16.5%의 기타소득세가 부과되므로, 혜택을 최대화하려면 반드시 연금으로 수령해야 한다. 결국 해외 기술주 ETF·펀드를 일반 계좌 대신 퇴직연금이나 IRP로 운용하면 과세이연을 통한 복리 운용과 낮은 세율 적용으로 세후 수익률을 극대화할 수 있다.

공적 연금 불안의 시대에 개인 연금으로 인공지능·휴머노이드·양자컴퓨팅 같은 기술 성장주 관련 펀드나 ETF에 투자

하는 것은 노후 대비를 서둘러 하고자 하는 2030 혹은 영포
티(40) 세대의 니즈에 부합하는 연금자산 운용 전략이라고 볼
수 있다.

6장.

투자 유망 ETF 및 펀드

평범한 개인투자자라면 불확실성 리스크가 큰 개별 기업에 집중투자하는 것 보다는 여러 유망 기업이 포트폴리오로 포함된 펀드나 ETF에 투자하는 것이 리스크를 합리적으로 관리하는 대안이다. 직접 기업을 분석하고 고르는 부담 대신 전문 운용 업체에 의해 산업 전반에 널리 분산 투자하는 전략을 선택하는 것이 효율적이기 때문이다.

펀드나 ETF 투자는 경험이 적고 많은 시간을 할애하기 어려운 이들에게 좋은 투자법이 된다. 또한 원할 때 현금화하기에도 매우 쉽고 포트폴리오 구성과 운용 내역도 투명하게 확인할 수 있다.

최근 인공지능·휴머노이드·양자컴퓨팅 산업에 대한 투자자들의 관심이 높아지면서 관련 종목을 포트폴리오로 하는 ETF나 펀드들이 속속 출시되고 있다. 다만 이들을 선택하기에 앞서 기본적으로 확인하면 좋을 몇 가지 사항부터 짚어보자.

1.
간접 투자를 위한 ETF·펀드 선택 시 체크할 사항

우선 ETF나 펀드가 내가 희망하는 투자에 맞는지 살펴볼 필요가 있다. 이를 위해 운용기관에서 제시하는 안내 및 설명자료에서 추종지수 혹은 벤치마크를 먼저 확인해 볼 필요가 있다. 특히 ETF는 기초(비교) 지수의 성과를 잘 복제해내는 게 1차 조건인 만큼 이것만 잘 확인해도 성격을 파악하는 데는 무리가 없다.

좀 더 확실한 것은 주요 편입 종목들을 직접 살펴보는 것이다. 투자자들이 ETF나 펀드의 이름만 보고 투자 대상의 유형이나 스타일을 단정 짓는 경우가 많은데, 실제로 자세히 살펴보면 편입 종목이 이름과 동떨어진 경우가 꽤 있어 유의할 필요가 있다. 예를 들어 펀드 명칭에 '메타버스'라는 문구가 있어서 가상현실 관련 첨단기업 투자를 상상했는데 편입 종목은 대부분 평범한 엔터, 인터넷, 게임주로 구성되는 식이다.

따라서 가입 전에 ETF나 펀드 운용기관의 홈페이지를 방문하거나 가입한 금융 기관에 요청하여 포트폴리오의 주요 구성 종목을 한 번쯤은 살펴봐야 한다. 더불어 업종 대표 대형주가 아닌 중소형주들의 비중이 많거나, 편입 종목 숫자가 적거나, 소수 종목에 비중이 집중된 경우에는 상승이나 하락시 가격 변동성이 클 가능성이 높다. 따라서 구성 종목 확인을 통해 해당 상품이 나의 투자 성향에 맞는지 아닌지도 추측해 보아야 한다.

일반적으로 자산운용사 홈페이지에 접속하면 구성 종목과 현황을 바로 확인할 수 있으며 추종 지수, 배당 정책 등 다양한 정보를 같이 볼 수 있다. 다만, 미국 등 해외에 상장된 ETF의 경우 확인이 어려울 수 있는데, 인베스팅 닷컴(investing.com)이나 야후파이낸스(finance.yahoo.com) 등의 투자전문 사이트를 활용하는 것이 도움이 된다.

그 다음으로 과거 운용 성과를 통해 포트폴리오 관리가 안정적으로 잘 되고 있는지 살피는 것도 중요하다. 특히 펀드의 경우 운용 기관과 펀드매니저에 따라 성과 차이가 클 수 있으므로 운용 성과나 역량이 검증된 상품을 선택해야 한다. 과거의 기간별 성과가 벤치마크 혹은 유사 펀드 대비 상대적으로 양호했는지 살펴보는 것은 기본이고, 가능하다면 운용 기관과 매니저의 유사 펀드 운용 관련 경력 유무도 체크하는 것이 좋다.

ETF는 통상 지수를 추종하기 때문에 운용사와 매니저보다 해당지수의 종목 구성 방식에 따른 성과 차이가 발생할 수 있다. 물론 비전문가가 직접 판단을 내리긴 어렵겠지만, 장기간 운용 성과가 검증되었다면 1차적으로는 좋은 상품이라고 할 수 있다. 참고로 미국 증시에 상장된 ETF의 경우 국내 상장 ETF와 달리 오랫동안 운용된 상품들이 많고 편입 종목 수나 분산도 또한 상대적으로 큰 편이다.

규모와 시장 유동성도 체크해야 한다. 일단 순자산 혹은 설정액 규모가 너무 적은 ETF나 펀드는 유의하는 것이 좋다. 특히 펀드의 경우 출시 이후, 장기간 소규모 상태가 지속되면 사실상 운용이 제대로 되지 않아 수익율이 악화될 수 있다. ETF의 경우에는 거래가 원활한 만큼 유동성이 풍부한지도 같이 따져봐야 한다.

해외 주식에 투자하는 국내 ETF나 펀드는 환헷지(환율 변동에 따른 영향 제거) 여부도 눈여겨볼 필요가 있다. 가령 S&P500이 10% 상승하고 원/달러 환율이 5% 하락하는 경우 지수를 완벽히 추종하면서 환헷지를 안 한 ETF는 4.5%(=1.1x0.95-1)로 수익이 줄어들게 된다. 반면 ETF에서 환헷지를 하면 환율

유형	지표명	내용
공통	기간 수익률	6개월 기간수익률이라면, 측정 시점으로부터 지난 6개월간의 수익률을 의미한다. 특정 기간 혹은 단기 성과만 보지 말고 장기 성과를 여러 기간으로 나눠 비교하는 것이 좋다.
	변동성 (표준편차)	자산 가격 움직임이 얼마나 큰지를 나타내는 지표로, 변동성이 크면 가격 변동 폭이 크고, 위험 수준이 높음을 의미한다. 대표적인 변동성 지표로는 표준편차가 있다.
	샤프지수	변동성 한 단위당 발생한 초과수익률을 나타내는 지표다. 위험 대비 얼마나 효율적으로 수익을 내는지 평가한다. 샤프지수가 높을수록 좋은 상품이라고 볼 수 있다.
	MDD (최대 손실률)	특정 기간 중 고점대비 최대 손실 폭을 의미한다. 구간 중 변동성(표준편차)이 낮아도 MDD가 크면 리스크가 크고 비상시 대응 능력이 떨어진다고 볼 수 있다.
ETF	추적오차	ETF의 수익률이 추종하는 목표 지수와 얼마나 차이가 나는지를 나타내는 지표다. 단순 수익률보다는 지수 대비 얼마나 근접하거나 초과했는지를 확인하는 데 중요하다. ※ETF 외에 지수를 추종하는 인덱스 펀드에도 중요한 지표다.
	괴리율	ETF의 시장 가격과 순자산가치(NAV) 간의 차이로서, 0에 가까울수록 지수의 현재 시장 가치를 정확히 반영한 것으로 볼 수 있다. 시장 유동성이 낮고 투자자가 적으면 괴리율이 커질 수 있다.
펀드	젠센의 알파	총 수익률에서 무위험 수익률을 초과한 부분 중 시장의 영향과 무관하게 달성한 수익률을 의미한다. 총 수익률이 10%인데 이 중 2%는 무위험 수익률, 6%는 증시 상승에 영향을 받은 것이라면 알파는 2%가 된다. 펀드 운영자의 실력으로 발생한 수익 평가로 이해하면 된다.
	펀드 종합평가	펀드 평가 업체(모닝스타, 제로인 등)의 전반적인 운용 성과 및 품질을 종합적으로 평가한 지표다. 기간별로 평가한 종합 점수를 바탕으로 1~5 등급으로 분류하여 표시한다.

ETF와 펀드의 성과 및 위험 측정 지표

의 영향을 최대한 배제할 수 있다. 100% 환헷지가 되었다면 수익률은 지수 상승분 그대로인 10%가 된다. 참고로 ETF나 펀드의 명칭 끝에 '(H)'가 붙어있으면 환헷지를 한다는 의미이나, 펀드의 경우 (H)가 없어도 환헷지를 하는 경우들이 많으니, 반드시 상품 설명서를 통해 정확한 내역을 확인해야 한다.

환헷지는 통상 환율 전망을 고려해서, 앞으로 원·달러가 떨어질 것 같으면 환헷지 상품을, 반대의 경우 환헷지 하지 않은 상품을 선택하는 게 일반적이다. 다만 장기 투자의 경우 전문가들은 환헷지를 하지 않는 상품을 주로 권유한다. 특히 지금처럼 '미국 금리 〉 한국 금리'일 때에는 달러를 환헷지할 때 금리차에 의한 비용이 계속 발생하므로 장기 투자시 불리하다.

덧붙여 ETF와 펀드는 운용사와 판매사에 보수와 수수료를 지급한다. 이 비용은 수익과 무관하게 발생하므로, 보수·수수료율도 확인해볼 필요가 있다. 너무 집착하는 것도 비효율적이지만, 다른 유사 ETF나 펀드에 비해 턱없이 비싸다면 유의할 필요가 있다.

마지막으로 반드시 자신의 투자 성향, 투자 가능 기간 등을 고려하고 가입 전 자신의 위험 수용 능력과 투자 목적을 점검하여 손실을 감내할 수 있는 정도와 투자 시한을 정하고, 반드시 여유 자금으로 투자해야 장기 투자가 가능하고 성공 가능성도 높아진다.

2.
고려할만한 유망 주식형 ETF(국내상장)

2025년 9월 말 기준 공시된 자료들을 바탕으로 인공지능·휴
머노이드·양자컴퓨팅 관련주에 투자하는 국내 상장 ETF(순자
산 규모 100억원 이상)들 중 기간별 성과가 고루 양호한 것들 중
심으로 선별하였다. 투자 지역은 미국 혹은 글로벌 전체로 명
시한 상품 중 미국 비중이 가장 높은 것들로 한정하여 총 10
개의 ETF를 선정하였다.

（※여기에서 언급한 순서는 '인공지능 〉 휴머노이드 〉 양자컴퓨팅'의 순
으로 동일 테마들을 묶어 나열한 것이지 추천의 우선 순위를 표시한 것이
아님을 밝힌다.）

1)TIMEFOLIO 글로벌AI인공지능액티브 ETF (티커: 456600)

빠르게 변화·발전하는 인공지능 산업에서 뛰어난 기술력을 갖춘 글로벌 리더들에 선별투자하는 액티브 ETF다. '액티브 ETF'란 비교지수를 일정 부분(국내의 경우 70% 이상) 추종하되, 그 외에는 펀드매니저가 시장 상황에 따라 종목과 비중을 적극적으로 조정하며 운용하는 ETF를 말한다. 비교지수(Solactive 글로벌 인공지능 지수) 대비 초과 수익을 목표로 펀드매니저의 재량으로 종목을 일부 변경하며, 시장 변화에 빠르게 대응하는 전략을 취한다. 투자 대상 지역을 한정 짓지는 않으나 주로 미국을 중심으로 하며 한국, 중국 등 일부 국가를 편입하고 있다. 섹터별로 AI 핵심 기술 관련 기업들, 예컨대 생성형 AI 알고리즘 기업, AI 연산용 반도체(GPU) 기업, AI 인프라 기업 등에 고루 분산되어 있다. 현재 국내 AI 관련 ETF 중 규모가 TOP 티어인 동시에 설정 이후 전 기간 수익률이 상대적으로 우수하다.

개요

구분	내용
운용기관	타임폴리오자산운용
설정일	2023-05-16
규모 (순자산)	8,340억원
투자지역	글로벌
운용 스타일	액티브 _ 비교지수 초과목표
기초(비교) 지수	Solactive Global Artificial Intelligence Index
종목수 (개)	60개
비용 (총보수)	연 0.8%

TOP 10 종목

종목명	비중(%)
Tesla	5.33
Alphabet	4.88
Alibaba	4.33
NuScale Power	4.19
NVIDIA	4.06
Intel	3.74
Reddit	3.53
Oklo	3.48
AppLovin	3.38
Credo Technology	2.94

※ 순자산, 종목수, TOP 10종목은 2025년 9월 30일 기준

성과 분석

수익률(%)					위험(%)	상대성과
3개월	6개월	12개월	36개월	설정 후	표준편차	샤프지수
18.46	52.23	70.12	–	246.98	30.98	1.66

※ 자료: 제로인·본드웹프라임 _ 표준편차 및 샤프지수는 1y, 2025년 9월 30일 기준

2)HANARO 글로벌생성형AI 액티브 ETF (티커: 461340)

생성형 AI 기술 혁신을 선도하는 기업들을 선별 투자하여 인공지능 밸류체인의 성장 기회를 포착하는 액티브 ETF이다. 비교지수(Solactive 미국 테크놀로지 100 지수) 대비 초과 수익을 투자 목표로 하며, 펀드매니저의 재량으로 종목을 일부 변경 운용하는 등 시장 변화에 빠르게 대응하는 전략을 취한다. 생성형 AI 분야 중 소프트웨어·하드웨어·인프라 등 하위 섹터에 고루 자산을 배분하고 있으며, 설정 후 현재까지 기간별 수익률도 전반적으로 양호하다. 국내 AI 관련 ETF 중에서도 규모와 성과 모두 상위권에 속한다.

개요

구분	내용
운용기관	NH-Amundi 자산운용
설정일	2023-07-11
규모 (순자산)	331억원
투자지역	글로벌
운용 스타일	액티브 _ 비교지수 초과목표
기초(비교) 지수	Solactive United States Technology 100 Index
종목수 (개)	26개
비용 (총보수)	연 0.958% (합성총보수 기준)

TOP 10 종목

종목명	비중(%)
NVIDIA	8.0
Broadcom	6.6
GE Vernova	6.0
Meta Platforms	6.0
PalantirTechnologies	5.5
TSMC	5.4
ROBLOX	4.6
Amazon.com	4.5
AristaNetworks	4.5
Oracle	4.5

※ 순자산, 종목수 TOP 10종목은 2025년 9월 30일 기준

성과 분석

수익률(%)					위험(%)	상대성과
3개월	6개월	12개월	36개월	설정 후	표준편차	샤프지수
20.22	45.48	70.15	-	160.68	30.29	1.7

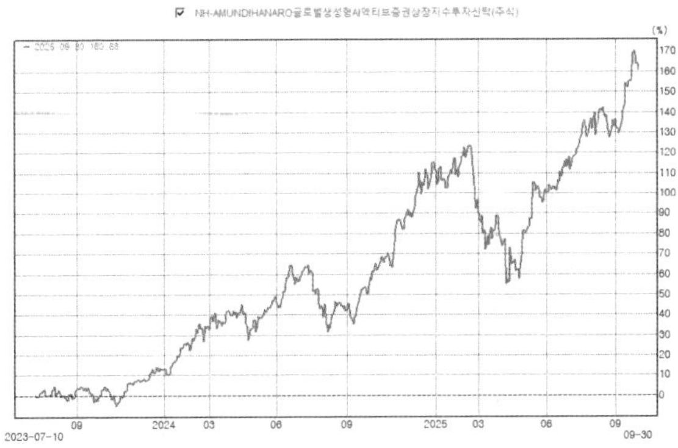

☑ NH-AMUNDIHANARO글로벌생성형AI액티브증권상장지수투자신탁(주식)

※ 자료: 제로인·본드웹프라임 _ 표준편차 및 샤프지수는 1y, 2025년 9월 30일 기준

3)SOL 미국AI소프트웨어 ETF (티커: 481180)

미국 증시에 상장된 AI 소프트웨어 기업을 선별하여 투자하는 패시브형 ETF다. '패시브 ETF'란 펀드매니저가 특정한 기초 지수의 구성과 성과를 최대한 추종하는 방식으로 운용된다는 의미다. 나스닥 상장 종목 중 AI 소프트웨어 관련 상위 15종목으로 구성된 KEDI 미국 AI소프트웨어 지수를 추종한다. AI 기술을 기반으로 한 클라우드, 데이터 분석, 자동화 솔루션, AI 플랫폼 서비스 등에서 높은 기술력과 시장 점유율을 보유한 기업이 포함되어 있다. 에이전틱 AI의 혁신과 더불어 최근 주목받는 AI 소프트웨어 서비스 분야에 집중 투자하고자 하는 투자자에게 적합하다. 운용 기간은 다소 짧지만 출시 후 양호한 성과를 보이고 있으며, 특히 연초(2025년) 이후 투자자들의 관심이 꾸준히 증가하고 있다.

개요

구분	내용
운용기관	신한자산운용
설정일	2024-05-14
규모 (순자산)	2,573억원
투자지역	미국
운용 스타일	패시브 _ 지수추종 목표
기초(비교) 지수	KEDI 미국AI소프트웨어 지수
종목수 (개)	15개
비용 (총보수)	연 0.45%

TOP 10 종목

종목명	비중(%)
ORACLE	12.05
Palantir Technologies	11.64
MICROSOFT	9.69
AppLovin	9.45
Salesforce	6.86
ServiceNow	6.53
SAP SE	6.46
ADOBE SYSTEMS	5.55
Palo Alto Networks	5.30
Crowdstrike	5.09

※ 순자산, 종목수, TOP 10종목은 2025년 9월 30일 기준

성과 분석

수익률(%)					위험(%)	상대성과
3개월	6개월	12개월	36개월	설정 후	표준편차	샤프지수
10.14	24.95	45.36	-	55.77	25.95	1.35

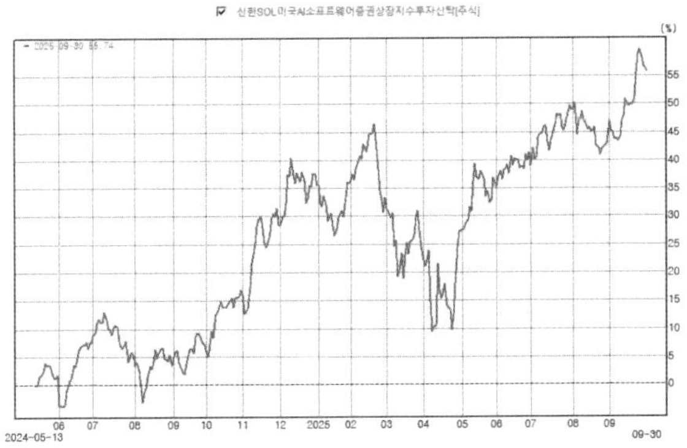

※ 자료: 제로인·본드웹프라임 _ 표준편차 및 샤프지수는 1y, 2025년 9월 30일 기준

4) KODEX 미국 AI 전력핵심인프라 ETF (티커: 487230)

AI 인프라의 핵심인 데이터센터 전력(발전, 송배전, 기타 전력 설비) 공급 관련 기업에 투자하는 패시브 ETF이다. AI 시대의 전력 수요에 대응하는 미국 내 전력 생산·송배전·에너지 저장·전력 설비 구축 기업 가운데 AI 및 데이터센터 수요 증가로 직접적인 수혜가 예상되는 기업들로 구성되어 있다. iSelect 미국 AI 전력핵심인프라 지수를 추종하며 포트폴리오를 10종목 내외로 집중해서 투자한다. 연초(2025년) 이후 성과가 상대적으로 두드러지며, AI의 진화로 인해 예상되는 연산량 폭증, 트럼프 정부의 스타게이트 프로젝트를 감안할 때 향후 전망 또한 긍정적이다. 알다시피 AI 모델이 고도화될수록 연산량이 폭증하면서, 데이터센터 한 곳이 사용하는 전력량은 중소 도시 한 곳의 전력 사용량에 맞먹는 수준이 된다. 이로 인해 "AI의 성장 = 전력 인프라의 성장"이라는 새로운 등식이 성립하고 있다.

개요

구분	내용
운용기관	삼성자산운용
설정일	2024-07-09
규모 (순자산)	10,019억원
투자지역	미국
운용 스타일	패시브 _ 지수추종 목표
기초(비교) 지수	iSelect 미국AI전력 핵심인프라 지수
종목수	10개
비용 (총보수)	연 0.45%

TOP 10 종목

종목명	비중(%)
GE Vernova	15.1
Constellation Energy	12.7
Arista Networks	11.5
Eaton Corp	11
Oklo	9.8
VISTRA ENERGY	9.3
Trane Technologies	8.9
Vertiv Holdings	7.8
NUSCALE	7.2
Quanta Services	6.7

※ 순자산, 종목수, TOP 10종목은 2025년 9월 30일 기준

성과 분석

수익률(%)					위험(%)	상대성과
3개월	6개월	12개월	36개월	설정 후	표준편차	샤프지수
19.38	65.75	62.65	-	76.86	36.32	1.29

※ 자료: 제로인·본드웹프라임 _ 표준편차 및 샤프지수는 1y, 2025년 9월 30일 기준

5)ACE 글로벌반도체TOP4 Plus ETF (티커: 446770)

글로벌 반도체 산업의 대표 기업들 위주로 집중 투자하는 패시브 ETF로서, 추종하는 Solactive 글로벌 반도체 Top 4 Plus 지수는 반도체 산업을 4개 주요 세그먼트로 나누어 각 분야의 선도 기업을 균등하게 편입하고 있다. 각 섹터의 시가총액 1위 기업을 우선적으로 20%씩 편입하고, 나머지는 시가총액 기준으로 상위 종목들을 추가하여 총 10종목 내외의 포트폴리오를 구성한다. 기준일의 주요 편입 종목을 보면 엔비디아(GPU), TSMC(파운드리), SK하이닉스(HBM), ASML(노광장비)의 4종목이 TOP4에 선발되었음을 확인할 수 있다. 이로써 반도체 산업의 밸류체인 전체에 걸친 노출을 확보하면서도, 업종 내 '대표 종목' 위주로 집중도를 높인 것이 특징이다. 업종 대표 우량주 집중을 통해 2023~2024년 우수한 성과를 기록했다. 포트폴리오 집중에 따른 변동성은 클 수 있으나, AI반도체의 수요 모멘텀이 유지되는 한 향후 성과 또한 양호할 것으로 기대된다.

개요

구분	내용
운용기관	한국투자신탁운용
설정일	2022-11-15
규모 (순자산)	4,347억원
투자지역	글로벌
운용 스타일	패시브_지수추종 목표
기초(비교) 지수	Solactive Global Semiconductor TOP4 Plus Index
종목수	10개
비용(총 보수)	연 0.45%

TOP 10 종목

종목명	비중(%)
ASML	20.66
SK하이닉스	20.65
TSMC	20.47
NVIDIA	18.99
삼성전자	3.86
BROADCOM	3.48
ADV MICRO DEVICES	3.33
QUALCOMM	3.07
APPLIED MATERIALS	3.02
TEXAS INSTRUMENTS	2.46

※ 순자산, 종목수, TOP 10종목은 2025년 9월 30일 기준

성과 분석

수익률(%)					위험(%)	상대성과
3개월	6개월	12개월	36개월	설정 후	표준편차	샤프지수
21.59	49.38	49.33	-	270.68	31.6	1.18

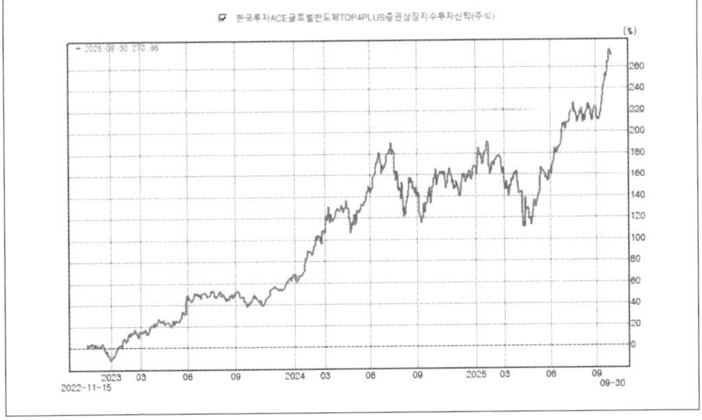

한국투자ACE글로벌반도체TOP4PLUS증권상장지수투자신탁(주식)

2025-09-30 270.86

※ 자료: 제로인·본드웹프라임 _ 표준편차 및 샤프지수는 1y, 2025년 9월 30일 기준

6)KODEX 미국휴머노이드로봇 ETF (티커: 0038A0)

AI 기술의 발전으로 현실화되고 있는 인간형 로봇, 자율형 휴머노이드 산업의 성장을 이끌 것으로 기대되는 기업들을 발굴하여 투자하는 패시브 ETF이다. 추종하는 iSelect 미국 휴머노이드 로봇 지수는 AI칩, 부품, 완성품 제작까지 밸류체인 전반에 걸친 20여 종목으로 포트폴리오를 구성하고 있다. 주요 편입 종목을 살펴보면 두뇌에 해당하는 엔비디아와 퀄컴, 완성품에 해당하는 테슬라, 관절 부품에 해당하는 심보틱까지 다양하다. 설정 후 운용 기간은 짧지만 출시 후 우수한 성과를 실현하였으며, 향후 휴머노이드에 대한 수요 증대와 더불어 투자자들의 높은 관심으로 인해 미래의 성과 또한 양호할 것으로 기대된다.

<h2 style="text-align:center">개요</h2>

구분	내용
운용기관	삼성자산운용
설정일	2025-04-15
규모 (순자산)	1,545억원
투자지역	미국
운용 스타일	패시브_지수추종 목표
기초(비교) 지수	iSelect 미국 휴머노이드 로봇 지수
종목수	25개
비용 (총보수)	연 0.45%

<h2 style="text-align:center">TOP 10 종목</h2>

종목명	비중(%)
NVIDIA	15.38
TESLA	15.2
Palantir Technologies	10.59
Intuitive Surgical	6.37
Amazon.com	5.93
Meta Platforms	5.32
ALPHABET	5.06
QUALCOMM	3.43
AMPHENOL CORP	3.13
Symbotic	2.87

※ 순자산, 종목수, TOP 10종목은 2025년 9월 30일 기준

<h2 style="text-align:center">성과 분석</h2>

수익률(%)					위험(%)	상대성과
3개월	6개월	12개월	36개월	설정 후	표준편차	샤프지수
18.49	-	-	-	44.86	-	-

※ 자료: 제로인·본드웹프라임 _ 표준편차 및 샤프지수는 1y, 2025년 9월 30일 기준

7)KB RISE 미국휴머노이드로봇 증권 ETF (티커: 0036R0)

AI 기술이 융합된 미국 상장 휴머노이드 로봇 관련 기업들에 투자하는 패시브 ETF이다. ETF가 추종하는 KEDI 미국 휴머노이드 로봇 지수는 미국 증권거래소 상장 종목 중 LLM 기술을 통해 휴머노이드 관련 키워드와 유사도 점수를 산정한 다음, 이 점수가 높은 종목을 선별한다. 편입 종목들을 살펴보면 소프트웨어와 하드웨어의 융합을 중심으로 휴머노이드 산업 밸류체인 전반에 분산투자되어 있음을 확인할 수 있다. 설정 후 운용 기간은 짧지만 우수한 기간 성과를 실현하고 있다. AI와의 융합을 통한 휴머노이드 시장의 잠재된 성장성에 베팅하고자 하는 장기 투자자들에게 적합하다.

개요

구분	내용
운용기관	KB자산운용
설정일	2025-04-11
규모 (순자산)	203억원
투자지역	미국
운용 스타일	패시브_지수추종 목표
기초(비교) 지수	KEDI 미국 휴머노이드 로봇 지수
종목수(개)	17개
비용 (총보수)	연 0.4%

TOP 10 종목

종목명	비중(%)
TESLA	13.0
TERADYNE	12.0
NVIDIA	9.7
INTEL	9.1
ROCKWELL AUTOMATION	7.9
INTUITIVE SURGICAL	7.2
ZEBRA TECHNOLOGIES	6.5
MEDTRONIC	5.5
ADVANCED MICRO DEVICES	5.3
ALPHABET	5.3

※ 순자산, 종목수, TOP 10종목은 2025년 9월 30일 기준

성과 분석

수익률(%)					위험(%)	상대성과
3개월	6개월	12개월	36개월	설정 후	표준편차	샤프지수
18.02	-	-	-	39.98	-	-

※ 자료: 제로인·본드웹프라임 _ 표준편차 및 샤프지수는 1y, 2025년 9월 30일 기준

8)PLUS 글로벌휴머노이드로봇 액티브 ETF (티커: 0035T0)

휴머노이드 로봇 관련주들 중 미국은 물론이고 한국, 일본, 유럽 등 글로벌 로봇 산업 전반의 유망 기업들을 발굴하여 비교지수 대비 초과 성과를 추구하는 액티브 ETF이다. 따라서 일정 부분 펀드매니저의 판단으로 종목과 비중을 수시로 조정하여 시장에 대응하는 운용 구조를 갖고 있다. 편입 종목들을 살펴보면 테슬라나 레인보우 로보틱스 같은 로봇 완제품 제조업체는 물론이고, 핵심 부품인 감속기·구동기·센서 등을 공급하는 로봇 부품 소재 기업들에도 높은 비중을 배분하는 운용 스타일을 보이고 있다. 향후 휴머노이드에 대한 수요 증대와 더불어 투자자들의 높은 관심이 유지될 것으로 전망되며, 그에 따라 성과 또한 양호할 것으로 기대된다.

개요

구분	내용
운용기관	한화자산운용
설정일	2025-04-11
규모 (순자산)	224억원
투자지역	글로벌
운용 스타일	액티브 _ 비교지수 초과성과 목표
기초(비교) 지수	iSelect 글로벌 휴머노이드 로봇 지수
종목수	30개
비용 (총보수)	연 0.45%

TOP 10 종목

종목명	비중(%)
Tesla	21.94%
로보티즈	8.86%
레인보우로보틱스	8.73%
삼현	3.57%
Ambarella	3.45%
Harmonic Drive Systems	3.31%
Cognex	3.29%
Nabtesco	2.90%
LG이노텍	2.86%
ABB	2.71%

※ 순자산, 종목수, TOP 10종목은 2025년 9월 30일 기준

성과 분석

수익률(%)					위험(%)	상대성과
3개월	6개월	12개월	36개월	설정 후	표준편차	샤프지수
24.11	-	-	-	44.1	-	-

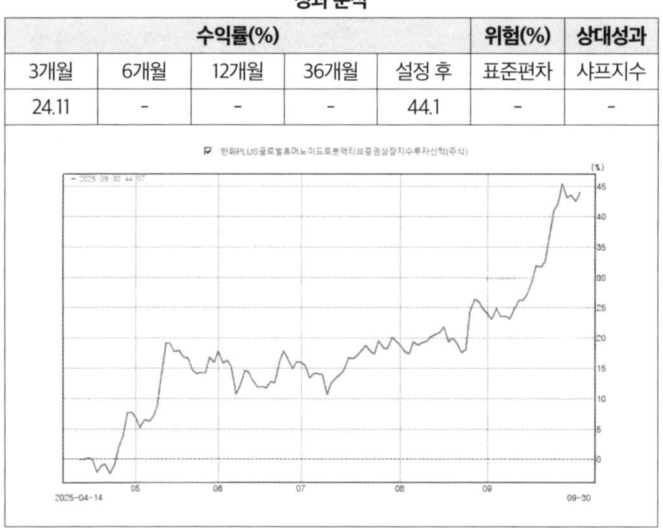

※ 자료: 제로인·본드웹프라임 _ 표준편차 및 샤프지수는 1y, 2025년 9월 30일 기준

아직 상용화 전단계이지만 향후 잠재력이 막대한 분야로 평가되는 양자컴퓨팅 분야의 선도 기업 10종목에 집중 투자하는 패시브 ETF이다. 'KEDI 미국 양자컴퓨팅 TOP10 지수'를 추종하며, 양자컴퓨팅 관련 키워드로 종목 유사도를 스코어링하여 상위 10개 종목을 선정하여 포트폴리오의 특정 종목 집중도가 높다. 편입 종목을 살펴보게 되면 양자컴퓨터를 메인 비즈니스로 하는 기업들 외에 후발 주자이지만 빠르게 기술 격차를 좁히고 있는 빅테크들을 같이 포괄하는 점이 특징이다. 운용 기간은 짧지만 출시 후 높은 성과를 기록하였으며, 향후 포트폴리오 집중 및 양자컴퓨팅 기술 단계에 기인한 변동성 증가의 가능성은 있지만, 장기적으로는 양호한 성과가 기대된다. 아직 불확실성은 꽤 있지만, 잠재력 높은 양자컴퓨팅 산업에 미리 긴 안목으로 투자하길 원하는 투자자에게 적합하다.

개요

구분	내용
운용기관	신한자산운용
설정일	2025-03-11
규모 (순자산)	2,169억원
투자지역	미국
운용스타일	패시브_지수추종 목표
기초(비교)지수	KEDI 미국양자컴퓨팅 TOP10지수
종목수	10개
비용 (총보수)	연 0.45%

TOP 10 종목

종목명	비중(%)
Rigetti Computing	24.78%
D-Wave Quantum	17.23%
IonQ	14.76%
ALPHABET	13.19%
INTEL	6.64%
BROADCOM	5.08%
Coherent	5.02%
NVIDIA	4.73%
Quantum Computing	4.40%
INTL BUSINESS MACHINES	4.04%

※ 순자산, 종목수, TOP 10종목은 2025년 9월 30일 기준

성과 분석

수익률(%)					위험(%)	상대성과
3개월	6개월	12개월	36개월	설정 후	표준편차	샤프지수
71.4	128.43	-	-	148.03	-	

※ 자료: 제로인·본드웹프라임 _ 표준편차 및 샤프지수는 1y, 2025년 9월 30일 기준

AI 다음으로 주목받는 차세대 기술인 양자컴퓨팅 산업을 선도하는 미국 상장 기업들에 투자하는 패시브 ETF이다. 이 상품이 추종하는 Solactive 미국 양자컴퓨팅 기술 지수는 미국 양자컴퓨팅 관련 기업 중 하드웨어와 소프트웨어의 카테고리별로 10개씩 총 20개 기업을 선별하여 구성된다. 포트폴리오 구성을 살펴보면 양자 기술에 특화된 신기업들과 양자컴퓨팅 신사업에 진출하는 안정적인 빅테크 기업들을 고루 편입하고 있다. 종목 수도 20종목으로, 종목 집중도가 높은 동일 테마의 다른 ETF보다 분산 투자 효과도 크다. 그만큼 상대적으로 안정적 성과 흐름이 기대된다. 양자컴퓨팅 산업의 무궁무진한 미래 잠재력을 고려한 장기 투자자에게 적합하다.

개요

구분	내용
운용기관	KB자산운용
설정일	2025-03-07
규모 (순자산)	112억원
투자지역	미국
운용 스타일	패시브_지수추종 목표
기초(비교) 지수	Solactive US Quantum Computing Technology Index PR
종목수(개)	20개
비용(총 보수)	연 0.4%

TOP 10 종목

종목명	비중(%)
IONQ	9.6
RIGETTI COMPUTING	9.1
ALPHABET	8.8
D-WAVE QUANTUM	6.8
IBM	6.7
QUANTUM COMPUTING	6.6
APPLE	6.3
MICROSOFT	6.2
HONEYWELL INTERNATIONAL	6.1
NVIDIA	5.2

※ 순자산, 종목수, TOP 10종목은 2025년 9월 30일 기준

성과 분석

수익률(%)					위험(%)	상대성과
3개월	6개월	12개월	36개월	설정 후	표준편차	샤프지수
29.96	55.53	-	-	62.05	-	-

※ 자료: 제로인·본드웹프라임 _ 표준편차 및 샤프지수는 1y, 2025년 9월 30일 기준

3.
고려할만한 유망 주식형 ETF(해외상장)

2025년 10월 10일 이전까지 공시된 최근 자료들을 기준으로 인공지능·휴머노이드·양자컴퓨팅 관련주에 투자하는 미국 상장 ETF 중 기간별 성과가 고루 양호한 것들을 선별하였다. 투자 지역은 미국 혹은 글로벌 전체로 명시한 상품 중 미국 비중이 가장 높은 것들로 한정하여, 총 7개의 ETF를 선정하였다.

(※여기에서 언급한 순서는 '인공지능 〉 휴머노이드 〉 양자컴퓨팅'의 순으로 동일 테마들을 묶어 나열한 것이지 추천의 우선 순위를 표시한 것이 아님을 밝힌다.)

1)Global X Artificial Intelligence & Technology ETF (티커: AIQ)

Global X Funds에서 운용중인 ETF로서 Indxx Artificial Intelligence & Big Data Index를 추종하는 패시브 전략을 활용한다. AI 밸류체인인 인프라, 클라우드, 모델 개발, 소프트웨어 서비스뿐만 아니라 자율주행, 로봇 등 다양한 응용 산업 관련 기업들을 포함한다. AI 테마에 대한 대표적 글로벌 투자 포트폴리오 중 하나로 유명하며, 미국을 포함해 유럽·아시아 주요 시장의 기업까지 폭넓게 편입하여 지역을 특정하지 않는 유연한 포트폴리오 전략을 구사한다. 종목 수 92개에 상위 10종목의 집중도는 33.9%에 불과해 분산 효과가 크다. 증시가 갑자기 하락 반전하는 등 주가 변동성이 확대될 때 상대적으로 리스크 관리에 유리하다. 2025년 10월 8일 현재 지난 1년간 배당금을 포함하여 총 38.06%의 수익률을 기록한 것으로 확인되며, 설정 이후 연평균 수익률은 18.56%이다.

개요

구분	내용
운용기관	Global X
설정일	2018년 05월 11일
규모 (순자산)	62.3억 USD
투자지역	글로벌(선진국 위주)
운용 스타일	패시브_지수추종 목표
기초(비교) 지수	Indxx Artificial Intelligence and Big Data Index
종목수	92개
비용 (총보수)	0.68%

TOP 10 종목

종목명	비중(%)
Alibaba Group	4.13%
삼성전자	3.53%
Tesla	3.50%
Alphabet	3.45%
Tencent Holdings	3.33%
Palantir Technologies	3.23%
Apple	3.21%
TSMC	3.20%
Oracle	3.19%
Broadcom	3.18%

※ 순자산, 종목수, TOP 10종목은 2025년 10월 2일 기준

성과 분석_기간수익률(%)

1개월	3개월	YTD	1년	5년	MAX
13.40	18.40	33.41	37.87	113.06	242.84

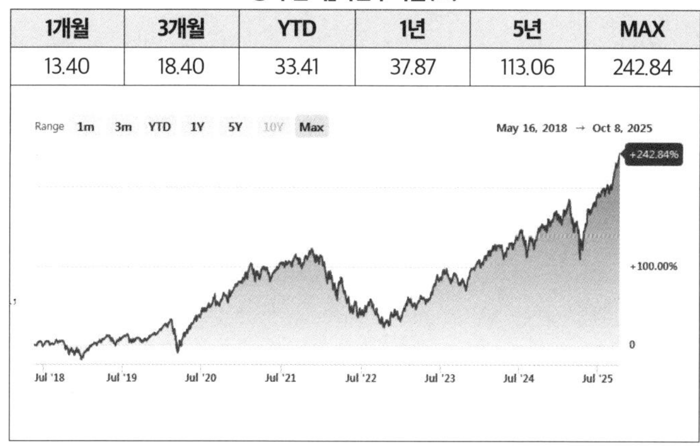

※ 자료: 인베스팅닷컴, Stock Analysis _ 2025년 10월 8일 기준

2) VanEck Semiconductor ETF (티커: SMH)

VanEck에서 운용중인 ETF로서 MVIS US Listed Semiconductor 25 Index를 추종하는 패시브 전략을 활용한다. 미국 증시에 상장된 반도체 기업 중 규모가 크고 유동성이 풍부한 25개 기업을 선별하여 집중 투자하는 구조로, 반도체 산업의 핵심 리더 기업에 직접 노출되는 것이 특징이다. 총 26개 종목이 포함되며, 상위 10개 종목의 비중이 73.70%로 상대적으로 높아, 특정 기업의 주가 움직임에 따라 ETF 가격이 크게 변동할 수 있다. 다만 전반적인 가격 변동성 증가에도 불구하고 종목 선택이 잘 이뤄진다면, 이런 집중 투자 방식은 대표 기업들의 성장 모멘텀을 투자 성과로 연결하는 좋은 전략이 될 수도 있다. 이 ETF는 기간별 성과가 우수하고, 메모리·비메모리·파운드리·반도체 장비 등 주요 편입 종목들의 하위 섹터 분산이 잘 되어 있다. 2025년 10월 8일 현재, 지난 1년간 총 40.04%(배당금 포함)의 수익률을 기록했으며, 설정 이후 연평균 수익률은 26.13%이다.

개요

구분	내용
운용기관	VanEck
설정일	2011년 12월 20일
규모 (순자산)	332.1억 USD
투자지역	미국(DR 포함)
운용 스타일	패시브_지수추종 목표
기초(비교) 지수	MVIS US Listed Semiconductor 25 Index
종목수	26개
비용 (총보수)	0.35%

TOP 10 종목

종목명	비중(%)
NVIDIA	18.81%
TSMC	9.98%
Broadcom	8.14%
ASML	5.78%
Intel	5.61%
Lam Research	5.43%
Micron Technology	5.37%
Applied Materials	5.32%
KLA Corporation	4.68%
Advanced Micro Devices	4.59%

※ 순자산, 종목수, TOP 10종목은 2025년 10월 4일 기준

성과 분석_기간수익률(%)

1개월	3개월	YTD	1년	5년	MAX
18.00	23.70	42.90	39.42	281.81	1,909.70

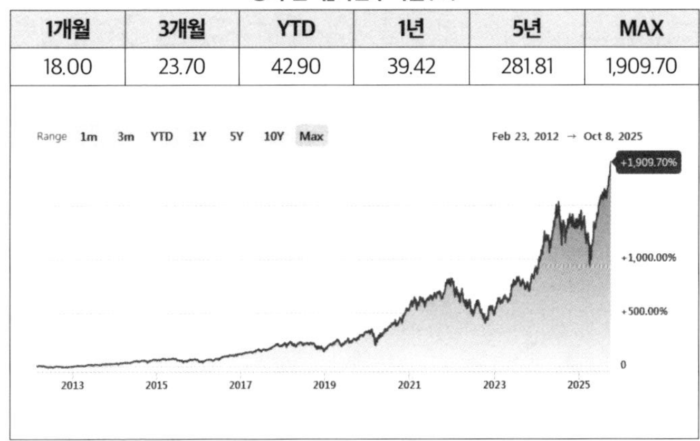

※ 자료: 인베스팅닷컴, Stock Analysis _ 2025년 10월 8일 기준

3)ROBO Global Artificial Intelligence ETF (티커: THNQ)

Exchange Traded Concepts에서 운용중인 ETF로서 ROBO Global Artificial Intelligence Index를 추종하는 패시브형 상품이다. AI 산업 밸류체인 전반에 속한 글로벌 기업들에 투자하며, 하드웨어·소프트웨어·AI 서비스 등 다양한 산업군을 포괄한다. 운용 지역을 특정하지 않고 미국, 유럽, 아시아 등 글로벌 기업으로 분산 투자하여 지역 편중 리스크를 최소화하는 유연한 전략을 취하고 있다. 총 56개 종목이 편입되어 있으며, 상위 10개 종목의 비중은 26.4% 수준으로 상대적으로 낮아 분산 효과가 크며, 주가 변동성이 확대될 때 상대적으로 리스크 관리에 유리하다. 미국 증시 상장 ETF 중 순자산 규모는 크지 않지만 주요 편입 종목의 시장 유동성이 양호한 만큼 문제는 없는 것으로 판단된다. 2025년 10월 8일 현재, 지난 1년간 총 46.89%(배당금 포함)의 수익률을 기록했으며, 설정 이후 연평균 수익률은 20.36%로 AI 산업 성장에 따른 수혜로 두드러진 성과를 나타냈다.

개요

구분	내용
운용기관	Exchange Traded Concepts
설정일	2020년 5월 11일
규모 (순자산)	2.95억 USD
투자지역	글로벌
운용 스타일	패시브_지수추종 목표
기초(비교) 지수	ROBO Global Artificial Intelligence Index
종목수	56개
비용 (총보수)	0.68%

TOP 10 종목

종목명	비중(%)
Nebius Group	3.90%
IonQ	3.20%
Alibaba Group	2.89%
Lam Research	2.50%
ASML	2.47%
Tempus AI	2.40%
TSMC	2.39%
Datadog	2.25%
Alphabet	2.22%
Advanced Micro Devices	2.15%

※ 순자산, 종목수, TOP 10종목은 2025년 10월 3일 기준

성과 분석_기간수익률(%)

1개월	3개월	YTD	1년	5년	MAX
13.59	24.52	38.47	46.89	101.27	168.23

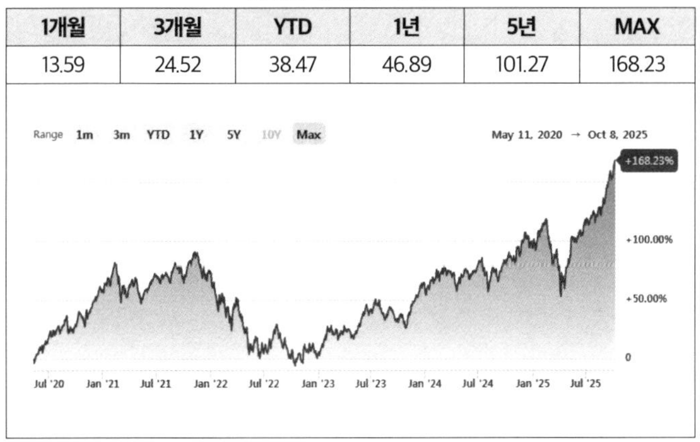

※ 자료: 인베스팅닷컴, Stock Analysis _ 2025년 10월 8일 기준

ARK Investment가 운용중인 ETF로서 '파괴적 혁신'이라는 투자 철학을 바탕으로 자율주행 기술 및 로보틱스 분야에 집중 투자하는 액티브 전략을 활용한다. 포트폴리오는 운용팀이 높은 확신을 가진 소수의 핵심 종목들에 고도로 집중되어 있는 것이 특징이다. 종목 수 37개에 상위 10개 종목의 집중도 61.32%로 집중 투자 스타일의 운용 특성을 갖고 있다. 이러한 집중 투자 전략은 특정 기업의 주가 상승에 따른 수익 극대화가 가능한 반면, 포트폴리오의 단기 변동성 위험도 높이는 양날의 검과 같다. 투자 대상은 주로 미국 기업이 중심이며, 자율주행 차량, 산업용 로봇, AI 기반 자동화 솔루션 등 산업 전반의 혁신 기업들이 포함되어 있다. 2025년 10월 8일 현재, 지난 1년간 총 101.05%의 수익률(배당금 포함)을 기록했으며, 설정 이후 연평균 수익률은 18.65%로 장기적으로도 자율주행·로보틱스 산업의 성장 잠재력과 혁신 기술 수혜를 기대할 수 있다.

개요

구분	내용
운용기관	ARK Investment
설정일	2014년 09월 30일
규모 (순자산)	16.1억 USD
투자지역	글로벌(미국 위주)
운용 스타일	액티브_지수 비추종형
기초(비교) 지수	해당없음 (운용사 재량에 따른 능동형 포트폴리오)
종목수	37개
비용 (총보수)	0.75%

TOP 10 종목

종목명	비중(%)
Tesla	12.86%
Kratos Defense & Security Solutions	10.08%
Teradyne	7.97%
Palantir Technologies	6.29%
AeroVironment	5.57%
Archer Aviation	4.68%
Rocket Lab Corporation	4.64%
Advanced Micro Devices	3.45%
Trimble	3.20%
Amazon	2.59%

※ 순자산, 종목수, TOP 10종목은 2025년 10월 2일 기준

성과 분석_기간수익률(%)

1개월	3개월	YTD	1년	5년	MAX
26.55	23.70	39.48	101.05	104.46	520.48

※ 자료: 인베스팅닷컴, Stock Analysis _ 2025년 10월 8일 기준

5)Global X Robotics & Artificial Intelligence ETF (티커: BOTZ)

Global X Funds에서 운용중인 ETF로서 Indxx Global Robotics & Artificial Intelligence Thematic Index를 추종하는 패시브 전략을 활용한다. AI와 산업용 로봇, 자동화, 자율주행차 테마 기업에 분산 투자하며 유사 펀드들에 비해 헬스케어, 산업재 비중이 다소 높다는 특징이 있다. 종목 수는 56개로 많지만, 상위 10종목의 집중도는 56.77%로 높은 편이다. 상위 편입 종목의 가격 변동성이 포트폴리오 성과에 큰 영향을 미칠 것으로 보인다. 다만 편입 종목들을 살펴보면 시총 비중이 높은 엔비디아 등 AI 섹터 기업 외에 화낙이나 인튜이티브 서지컬처럼 완성형 로봇을 제조하는 기업, 그리고 키엔스같이 센서나 구동기 등 핵심 부품을 생산하는 기업 등으로 산업 전반에 폭넓게 분산된 것을 확인할 수 있다. 이런 이유로 이 ETF는 향후 로보틱스 산업의 장기적 발전을 투자 성과로 잘 반영할 것이라는 기대를 많은 투자자들로부터 얻고 있다. 2025년 10월 8일 현재, 지난 1년간 총 17.25%의 수익률(배당금 포함)을 기록했으며, 설정 이후 연평균 수익률은 11.19%이다.

개요

구분	내용
운용기관	Global X Funds
설정일	2016년 09월 12일
규모 (순자산)	30.8억 USD
투자지역	글로벌
운용 스타일	패시브_지수추종 목표
기초(비교) 지수	Indxx Global Robotics & Artificial Intelligence Thematic Index
종목수	56개
비용 (총보수)	0.68%

TOP 10 종목

종목명	비중(%)
NVIDIA	11.27%
ABB	8.87%
FANUC	6.60%
Keyence	6.23%
Intuitive Surgical.	5.58%
Daifuku	4.30%
AeroVironment.	3.77%
Dynatrace	3.46%
Pegasystems	3.39%
SMC	3.30%

※ 순자산, 종목수, TOP 10종목은 2025년 10월 3일 기준

성과 분석_기간수익률(%)

1개월	3개월	YTD	1년	5년	MAX
10.90	15.80	16.56	16.96	29.94	152.30

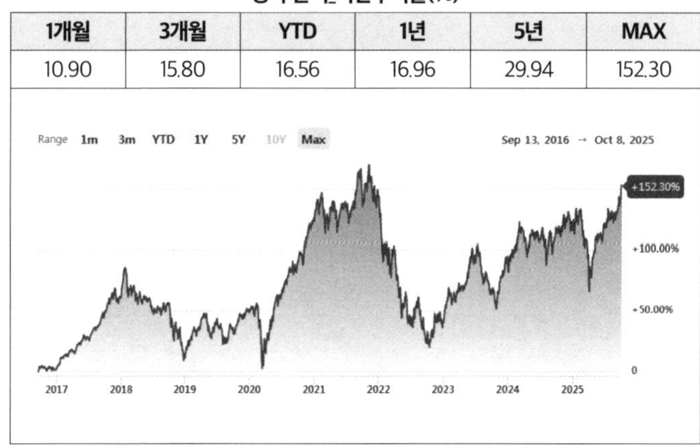

※ 자료: 인베스팅닷컴, Stock Analysis _ 2025년 10월 8일 기준

6)ROBO Global Robotics and Automation Index ETF (ROBO)

Exchange Traded Concepts에서 운영중인 ETF로서 ROBO Global Robotics and Automation TR Index를 추종하는 패시브 전략을 활용한다. 종목 수는 89개로 거의 동일가중 배분을 적용하여 포트폴리오를 구성하고 있다. 상위 10종목 집중도가 17.1%로 낮아 높은 분산도를 보이는 등 성과 안정성에 무게를 두고 있다. 편입 종목들을 살펴보면 미국 외에 중국 등 해외 주식 비중도 높고 중소형주도 다수 편입되어 있다, 로보틱스 산업 내 하위섹터에 대한 분산 또한 앞서 살펴본 유사 테마의 BOTZ에 비해 더 넓다. 다만 이런 이유 때문인지 유사 ETF 대비 보수(0.95%)는 다소 높은 편이다. 성과는 2025년 10월 8일 현재, 지난 1년간 총 21.43%의 수익률(배당금 포함)을 기록했으며, 설정 이후 연평균 수익률은 9.05%이다. 앞서 살펴본 BOTZ와 마찬가지로 로보틱스 분야 전반의 성장에 따른 수혜를 기대함과 동시에 자신의 주식 포트폴리오에서 로보틱스 섹터의 비중을 늘릴 필요가 있는 투자자에게 추천할 만한 ETF이다.

개요

구분	내용
운용기관	Exchange Traded Concepts
설정일	2013년 10월 22일
규모 (순자산)	11.9억 USD
투자지역	글로벌(지역 분산)
운용 스타일	패시브_지수추종 목표
기초(비교) 지수	ROBO Global Robotics and Automation TR Index
종목수	89개
비용 (총보수)	0.95%

TOP 10 종목

종목명	비중(%)
Symbotic	1.88%
Teradyne	1.85%
Ubtech Robotics	1.80%
Hon Hai Precision Industry	1.74%
Joby Aviation	1.71%
FUNAC	1.71%
Rockwell Automation	1.66%
Harmonic Drive Systems	1.64%
Intuitive Surgical	1.61%
Kardex Holding AG	1.51%

※ 순자산, 종목수, TOP 10종목은 2025년 9월 30일 기준

성과 분석_기간수익률(%)

1개월	3개월	YTD	1년	5년	MAX
7.08	15.15	21.76	20.77	37.91	170.54

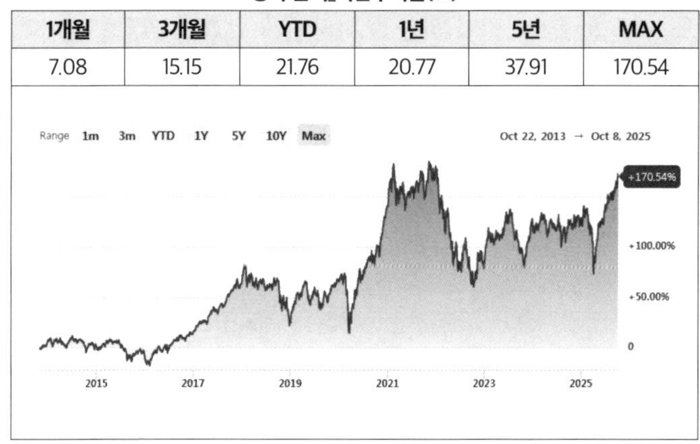

※ 자료: 인베스팅닷컴, Stock Analysis _ 2025년 10월 8일 기준

7)Defiance Quantum ETF (티커: QTUM)

Defiance ETFs가 운용중인 ETF로서 BlueStar Machine Learning and Quantum Computing Index를 추종하는 패시브 전략을 활용한다. 양자 컴퓨팅 테마기업 중 순수 양자 기술 스타트업과 자체 양자 연구 부서를 운영하는 빅테크 기업을 같이 편입하는 바벨형 포트폴리오를 구성하여, 기술 성장 잠재력과 안정성을 동시에 추구한다. 종목 수 80개에 상위 10개 종목의 집중도는 19.88%로 낮아 시장 하락 변동성 관리에 유리하다. 2025년 10월 8일 현재, 지난 1년간 총 81.32%(배당금 포함)의 수익률을 기록했으며, 설정 이후 연평균 수익률은 24.68%이다. 양자 컴퓨팅 기술의 선도기업에 안정적이면서도 고르게 투자하고자 하는 투자자에게 적합한 ETF로 평가된다.

개요

구분	내용
운용기관	Defiance ETFs
설정일	2018년 09월 04일
규모 (순자산)	27.8억 USD
투자지역	글로벌(지역 분산)
운용 스타일	패시브_지수추종 목표
기초(비교) 지수	BlueStar Quantum Computing and Machine Learning Index
종목수	80
비용 (총보수)	0.40%

TOP 10 종목

종목명	비중(%)
Rigetti Computing	3.29%
IonQ	2.12%
Tower Semiconductor	1.95%
Intel	1.90%
Arqit Quantum	1.89%
D-Wave Quantum	1.86%
Teradyne	1.76%
Oracle	1.73%
Lam Research	1.70%
Baidu	1.69%

※ 순자산, 종목수, TOP 10종목은 2025년 10월 2일 기준

성과 분석_기간수익률(%)

1개월	3개월	YTD	1년	5년	MAX
17.76	21.50	38.25	79.85	227.70	353.29

※ 자료: 인베스팅닷컴, Stock Analysis _ 2025년 10월 8일 기준

4.
고려할만한 유망 주식형 펀드

2025년 10월 말까지 공시된 자료 중 가급적 최근 데이터를 바탕으로, 인공지능 휴머노이드 양자컴퓨팅 관련주에 투자하는 펀드(설정액 규모 100억원 이상)들 중 기간별 성과가 고루 양호한 것들을 선별하였다. 더불어 관련성 높은 유사 테마펀드 중 시중 금융기관들이 추천한 것들을 일부 추가하였다. 투자 지역은 미국 혹은 글로벌 전체로 명시한 상품 중 미국 비중이 가장 높은 것들로 한정하여, 총 7개의 펀드를 선정하였다.

(※여기에서 언급한 순서는 '인공지능 〉 휴머노이드 〉 양자컴퓨팅 〉 유사 테마'의 순으로 동일 테마들을 묶어 나열한 것이지 추천의 우선 순위를 표시한 것이 아님을 밝힌다.)

1)삼성글로벌CHATAI증권자투자신탁(주식)

삼성자산운용이 2023년 출시한 생성형 AI 특화 펀드로 글로벌 AI 산업 전반, 하드웨어 외에 서비스·소프트웨어 기업에도 자산을 고루 배분하여 투자한다. (참고로 CHATAI는 CHAT + AI의 합성을 의미한다.) 편입 종목을 살펴보면 TOP 10 내에 시총 상위 종목의 비중이 높지 않은 편이다. 그럼에도 불구하고 설정 후 성과가 우수하게 나타난 것은 종목 선택 및 비중 관리를 상당히 잘 했으며, 결과적으로 운용사의 운용 역량이 양호한 것으로 판단할 수 있다. 삼성자산운용에서 전담 운용팀을 통해 직접 운용중이며, 기술 성장 전망과 시장 변화를 고려한 적극적인 종목 선별과 비중 조정을 한다. 출시 이후 구간별 성과가 우수하게 나타나고 있으며, 글로벌 AI 밸류체인 전반에 안정적으로 투자함으로써 장기적인 성장 수익을 추구하는 투자자에게 적합하다.

개요

구분	내용
운용기관	삼성자산운용
설정일	2023년 05월 15일
규모 (설정액)	1,402억원
투자지역	글로벌(미국 중심)
운용 스타일	액티브
비교지수	없음
종목수	26개
환헷지	환헤지형(H)과 환노출형 (UH) 둘 중 선택 가능
비용 (총보수)	연 1.54% (A클래스 기준)

TOP 10 종목

종목명	비중(%)
Palantir Technologies	8.25
Cloudflare	8.08
AppLovin	6.94
Oracle	6.79
NVIDIA	6.03
RUBRIK	5.46
SAP SE	5.26
Broadcom	5.10
META Platforms	4.25
Spotify	3.89

※ 설정액(모펀드 기준), 종목수, TOP 10종목은 2025년 8월 31일 기준

성과 분석

구분	수익률(%)					상대성과	
환헷지	3개월	6개월	12개월	36개월	설정 후	표준편차	샤프지수
여(H)	6.07	24.81	38.06	-	122.09	27.10	1.08
부(UH)	9.29	22.59	48.81	-	73.56	27.78	1.35

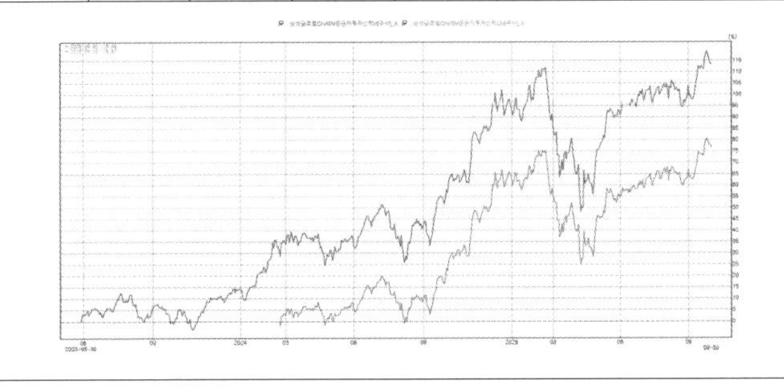

※ 자료: 제로인·본드웹프라임 _ 표준편차 및 샤프지수는 1y, 2025년 9월 30일 기준

2) 한국투자글로벌AI&반도체TOP10증권자투자신탁(주식)

한국투자신탁운용이 2023년 출시하여 AI와 반도체 분야 글로벌 대표주 10개에 집중투자하는 집중형 펀드다. 5개의 세부테마(생산성, 클라우드, 통신, 자동화, 콘텐츠)별 대표 주식 10개를 선정하여 여기에 80% 내외의 자산을 배분하고, 나머지는 기타 유망 종목에 배분하는 운용구조다. 설정 이후 단기간에도 우수한 성과를 기록했으며, 특히 2024년 해외 IT 섹터 펀드 중 최고 수익률을 달성하여 투자자들 사이에서 주목을 받았다.

개요

구분	내용
운용기관	한국투자신탁운용
설정일	2023년 03월 27일
규모 (설정액)	1,826억원
투자지역	글로벌(미국 중심)
운용 스타일	액티브
비교지수	없음
종목수	32개
환헷지	환헤지형(H)과 환노출형 (UH) 둘 중 선택 가능
비용 (총보수)	연 1.25% (A클래스 기준)

TOP 10 종목

종목명	비중(%)
NVIDIA	9.3
Broadcom	8.9
Alphabet	8.7
TSMC	8.5
Meta Platforms	7.5
Amazon.com	7.1
SK하이닉스	6.5
Microsoft	6.5
Tesla	6.1
Arm holdings	5.4

※ 설정액(H & UH 모펀드 기준), 종목수, TOP 10종목은 2025년 8월 31일 기준

성과 분석

구분	수익률(%)					상대성과	
환헷지	3개월	6개월	12개월	36개월	설정 후	표준편차	샤프지수
여(H)	15.73	46.48	36.3	-	132.49	26.43	1.06
부(UH)	19.94	43.21	46.57	-	123.16	27.2	1.32

※ 자료: 제로인·본드웹프라임 _ 표준편차 및 샤프지수는 1y, 2025년 9월 30일 기준

3)KB 글로벌AI플랫폼 증권자투자신탁(주식)

    KB자산운용이 2020년에 출시한 펀드로서, 강한 시장 지배력을 바탕으로 디지털 경제를 이끌어가는 대표적인 AI 플랫폼 기업에 집중하여 투자하고 있다. 기준일(2025년 9월 30일) 현재 최근 3년간의 성과는 대표 지수 및 동일 테마 펀드들과 비교해도 우수한 것으로 확인되었다. 주요 편입 종목을 살펴보면 실제로 엔비디아나 브로드컴 같은 하드웨어에서 아마존 등의 하이퍼스케일러 그리고 팔란티어나 앱러빈 같은 AI 서비스 기업까지 사실상 AI 밸류체인 전반에 분산되어 있다. 종목 대부분이 시장 지배적 지위를 바탕으로 업종 간 장벽을 허무는 승자독식 구조의 비즈니스 모델을 가진 기업들로 구성되어 있는 만큼, 향후 전망 또한 긍정적이다.

개요

구분	내용
운용기관	KB자산운용
설정일	2020년 7월 27일
규모(설 정액)	105억원
투자지역	글로벌(미국 중심)
운용스타 일	액티브
비교지수	없음
종목수	43개
환헷지	환헤지형(H)과 환노출형 (UH) 둘 중 선택 가능
비용 (총보수)	연 1.64% (A클래스 기준)

TOP 10 종목

종목명	비중(%)
Palantir Technologies	8.14
NVIDIA	7.99
ALPHABET	7.91
MICROSOFT	6.51
TESLA	6.34
META Platforms	6.08
Broadcom	5.69
AMAZON	4.27
APPLOVIN	3.56
Alibaba Group	3.39

※ 설정액(모펀드 기준)은 2025년 10월 31일 기준
종목수, TOP 10종목은 2025년 9월 30일 기준

성과 분석

구분	수익률(%)					상대성과	
환헷지	3개월	6개월	12개월	36개월	설정 후	표준편차	샤프지수
여(H)	12.32	34.14	28.94	112.53	68.53	24.15	0.93
부(UH)	16.34	-	-	-	43.31	-	-

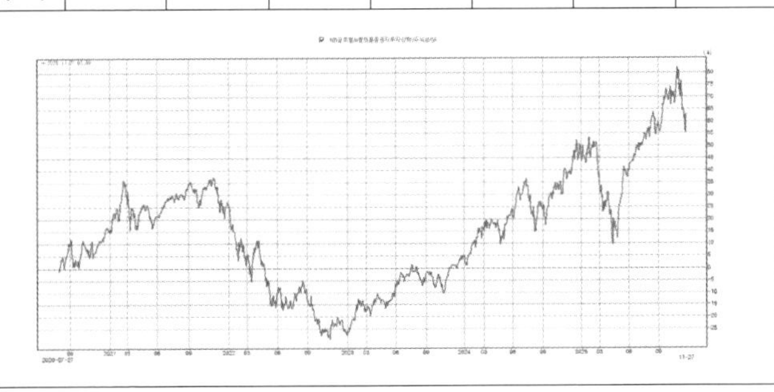

※ 자료: 제로인·본드웹프라임 _ 표준편차 및 샤프지수는 1y, 2025년 9월 30일 기준

4)KB RISE 글로벌 AI밸류체인 ETF 모아드림 증권자투자신탁(주식-재간접형)

KB자산운용이 2024년 출시한 펀드로서, 글로벌 AI 산업의 다양한 테마에 분산 투자하되 여러 ETF를 모아 하나의 상품으로 구성하는 EMP(ETF Managed Portfolio) 구조로 운영하는 펀드이다. 운용 방식은 우선 AI 밸류 체인의 핵심 5개 테마(차세대 컴퓨팅, 증강 현실, 반도체 & 인프라, 인공지능, 소프트웨어 & 서비스)를 선정한 다음에 트렌드 분석 결과에 따라 테마별 배분 비중을 결정한다. 종목 선택은 테마별로 선호하는 ETF 3개를 편입하고 월 1회 이상 비중을 조정하는 식으로 운용한다. 다수의 ETF에 배분된 EMP 구조인 만큼 개별 종목 리스크가 상대적으로 낮고 비용 효율성이 양호한 것이 장점이다. 설정 이후 안정적인 성과를 보이고 있다. 다만, 이 펀드는 환헷지형이 없는 만큼, 추후 환율 변동이 성과에 영향을 미친다는 점은 감안할 필요가 있다.

개요

구분	내용
운용기관	KB자산운용
설정일	2024년 10월 6일
규모(설정액)	111억원
투자지역	글로벌(미국 중심)
운용스타일	액티브
비교지수	없음
종목수	19개
환헷지	하지 않음
비용(총보수)	연 0.54% (A클래스 기준)

TOP 10 종목

종목명	비중(%)
RISE미국반도체NYSE	17.50
RISE미국나스닥100	8.96
RISE글로벌원자력	8..32
RISE미국AI밸류체인TOP3Plus	8.27
KODEX미국AI테크TOP10	8.22
RISE글로벌테크놀로지(합성 H)	7.54
RISE미국AI밸류체인데일리고정커버드콜	7.42
RISEAI반도체TOP10	6.25
TIGER글로벌클라우드컴퓨팅INDXX	5.70
RISE미국S&P500	5.57

※ 설정액, 종목수,TOP 10종목은 2025년 9월 30일 기준

성과 분석

수익률(%)					위험(%)·상대성과	
3개월	6개월	12개월	36개월	설정 후	표준편차	샤프지수
15.24	34.27	-	-	33.72	-	-

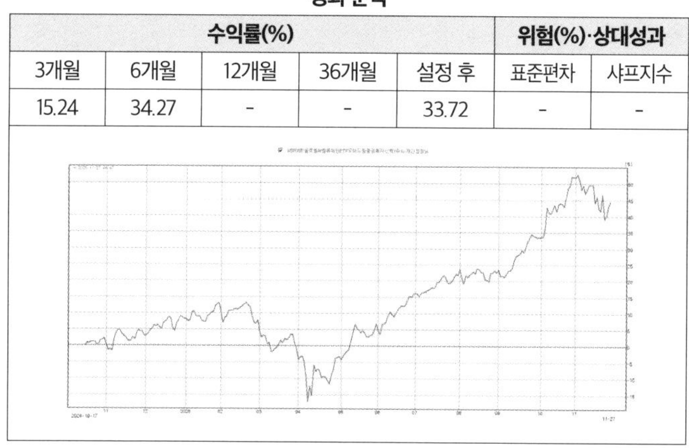

※ 자료: 제로인·본드웹프라임 _ 표준편차 및 샤프지수는 1y, 2025년 9월 30일 기준

5) 삼성 글로벌휴머노이드로봇증권자투자신탁(주식)

삼성자산운용이 2025년 출시한 휴머노이드 로봇 테마 펀드로서, AI 기술이 융합된 자율형 휴머노이드(Humanoid) 산업을 선도하는 글로벌 기업들에 선별 투자한다. 지역적으로는 미국 외에 일본, 홍콩(중국) 등에 분산 투자 중이며 휴머노이드 외에 일부 AI 서비스 기업과 로봇 제조 기업을 포함하고 있다. 포트폴리오는 운용상 30개 종목 내외의 압축 포트폴리오를 구성하는 것이 특징이며, 핵심 성장 기업에 집중 투자함으로써 높은 성장 잠재력을 추구한다.

개요

구분	내용
운용기관	삼성자산운용
설정일	2025년 02월 19일
규모 (설정액)	355억원
투자지역	글로벌(미국 중심)
운용 스타일	액티브
비교지수	없음
종목수	24개
환헷지	환헤지형(H)과 환노출형 (UH) 둘 중 선택 가능
비용 (총보수)	연 1.54% (A클래스 기준)

TOP 10 종목

종목명	비중(%)
XIAOMI	9.49
Tesla	9.31
Symbotic	6.82
Horizon Robotics	6.50
XPENG	5.56
로보티즈	5.54
UBTECH	5.30
MDA Space	5.12
Palantir Technologies	4.90
NVIDIA	4.90

※ 설정액(모펀드 기준), 종목수, TOP 10종목은 2025년 8월 31일 기준

성과 분석

구분	수익률(%)					상대성과	
환헷지	3개월	6개월	12개월	36개월	설정 후	표준편차	샤프지수
여(H)	21.14	30.79	-	-	29.33	-	-
부(UH)	23.93	27.93	-	-	27.56	-	-

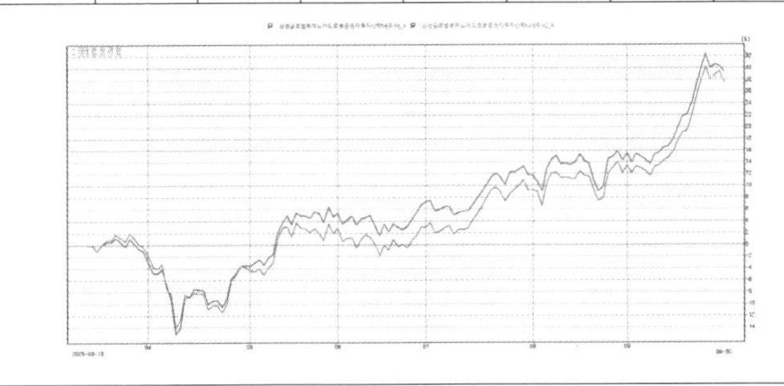

※ 자료: 제로인·본드웹프라임 _ 표준편차 및 샤프지수는 1y, 2025년 9월 30일 기준

6)피델리티글로벌테크놀로지증권자투자신탁(주식-재간접형)

　피델리티자산운용이 국내에 2015년 출시한 글로벌 기술주 펀드로 국내에서 설정된 펀드가 직접 주식을 매수하는 것이 아니라, 해외 피델리티 글로벌 테크놀로지 펀드, 즉 모펀드에 투자하는 재간접 구조를 갖는다. 참고로 모펀드는 피델리티의 밀리언셀러인 "Fidelity Funds - Global Technology Fund"로서 2025년 9월 30일 현재 규모는 약 317억 USD에 달한다. 모펀드는 한국의 손현호 매니저가 2016년부터 운용중이며, 장기간 안정적인 운용 성과를 보여왔다. 국내에서는 여러 금융기관에서 추천 펀드로 등재될 만큼 운용 능력과 성과가 검증되었다. 투자 대상은 IT, 소프트웨어, 반도체, 클라우드, 인터넷 서비스 등 전 세계 기술 혁신과 성장 혜택을 누리는 기업으로 폭넓게 분산되어 있다. 특정 국가나 산업에 편중되지 않으며, 글로벌 시가총액 상위 기술 기업 위주로 포트폴리오를 구성한다.

개요

구분	내용
운용기관	피델리티자산운용
설정일	2015년 06월 17일
규모 (설정액)	10,364억원
투자지역	글로벌(미국 중심)
운용 스타일	액티브
비교지수	없음
종목수	103개
환헷지	환헤지 실시
비용 (총보수)	연 0.862%(A클래스 기준)

TOP 10 종목

종목명	비중(%)
TSMC	8.1
Microsoft	5.9
APPLE	5.7
Alphabet	4.4
Amazon.com	4.1
TEXAS INSTRUMENTS	2.6
ERICSSON	2.5
삼성전자	2.3
Workday	2.1
Marvell Technology	1.8

※ 설정액(클래스 합산), 종목수, TOP 10종목은 2025년 8월 31일 기준

성과 분석

수익률(%)					위험(%)	상대성과
3개월	6개월	12개월	36개월	설정 후	표준편차	샤프지수
8.69	17.11	18.33	87.22	412.38	16.53	0.86

※ 자료: 제로인·본드웹프라임 _ 표준편차 및 샤프지수는 1y, 2025년 9월 30일 기준

7)유리필라델피아반도체인덱스증권자투자신탁(주식)

　유리자산운용이 2020년에 출시한 인덱스 펀드로서 AI와 휴머노이드의 핵심 부품인 반도체 관련 기업에 투자를 하고 있다. 펀드는 필라델피아반도체지수(Philadelphia Semiconductor Index)(SOX)의 성과를 추종하는 구조로 운용된다. 필라델피아반도체지수는 1993년 12월부터 산정되어 발표되고 있으며, 반도체 산업을 대표하는 약 30개 내외의 종목으로 구성되어 있다. 출시 이후 이 펀드는 꾸준히 우수한 성과를 보여주고 있으며, 글로벌 반도체 산업의 성장과 AI, 휴머노이드 기술 발전에 따른 장기적인 투자 기회를 포착할 수 있는 상품으로 평가받는다.

개요

구분	내용
운용기관	유리자산운용
설정일	2020년 2월 5일
규모 (설정액)	1,923억원
투자지역	글로벌(미국 위주)
운용 스타일	패시브_지수추종
기초(비교) 지수	필라델피아반도체지수 (SOX)
종목수	35개
환헷지	환헤지형(H)과 환노출형 (UH) 둘 중 선택 가능
비용 (총보수)	연 1.16% (A클래스 기준)

TOP 10 종목

종목명	비중(%)
NVIDIA	9.70
Broadcom	9.61
TSMC	7.08
ADV MICRO DEVICES	6.14
Micron	4.22
Intel	3.95
Monolithic Power Systems	3.74
Lam Research	3.72
NXP Semiconductors	3.59
KLA	3.58

※ ※ 설정액(모펀드 기준), 종목수, TOP 10 종목은 2025년 8월 31일 기준

성과 분석

구분	수익률(%)					상대성과	
환헷지	3개월	6개월	12개월	36개월	설정 후	표준편차	샤프지수
여(H)	12.21	35.64	14.53	113.75	157.16	30.03	0.35
부(UH)	15.75	33.08	22.85	128.23	223.41	31.07	0.59

※ 자료: 제로인·본드웹프라임 _ 표준편차 및 샤프지수는 1y, 2025년 9월 30일 기준

BH 062

기술 성장주에 투자하는 습관

: 앞으로 10년을 책임질 인공지능·휴머노이드·양자컴퓨팅

초판 1쇄 발행 2026년 1월 1일

지은이 곽재혁

펴낸이 이승현
디자인 스튜디오 페이지엔

펴낸곳 좋은습관연구소
출판신고 2023년 5월 16일 제 2023-000097호

이메일 buildhabits@naver.com
홈페이지 buildhabits.kr

ISBN 979-11-93639-62-7 (13320)

좋은습관연구소에서는 누구의 글이든 한 권의 책으로 정리할 수 있게 도움을 드리고
있습니다. 메일로 문의주세요.